Vida y Milagros

de

SANTA FILOMENA

VIRGEN Y MÁRTIR

LLAMADA

LA TAUMATURGA DEL SIGLO 19

TRADUCIDO AL FRANCÉS DE LA 15.ª EDICIÓN ITALIANA,
por M. J. F. B.

Aprobada por Mñor. el Obispo de Frigurgo

Y DEL FRANCÉS AL CASTELLANO
por un Presbítero Español

CON UNA NOTICIA

de la Vida y Milagros

DEL BIENAVENTURADO VALFREDO,

APELLIDADO

EL VICENTE DE PAUL DEL PIAMONTE,

BEATIFICADO EN ROMA EN EL MES DE AGOSTO DE 1834

POR GREGORIO XVI

Vida y Milagros de SANTA FILOMENA

©2022 Editorial Angustam Portam

Edición: Oscar Peña

Autor: J. F. B.

Imagen de portada tomada del libro original

ISBN: 9798363281204

Independently published

Encuentra otras lecturas católicas en
https://angustamportam.com

Nota del Editor

Traemos esta pequeña obra sobre la vida de santa Filomena que fue escrita en 1835, pocos años después de que fueran descubiertas sus reliquias el 25 de mayo de 1802.

La innumerable cantidad de milagros obrados por su intercesión la dieron a conocer inmediatamente en todo el mundo y, ya desde 1830, se la consideraba *la taumaturga del siglo XIX*.

Posteriormente, san Juan María Vianney, el *santo cura de Ars*, gracias a la curación que obtuvo de ella, se hizo muy devoto suyo y la llamaba cariñosamente *mi Santita*.

El padre Pío de Pietrelcina la veneraba desde niño y la denominaba *Princesita del Paraíso*.

A pesar de que se ha puesto en duda su historicidad y de que Pablo VI la retiró del calendario litúrgico, el culto a santa Filomena no ha perdido su vigor y numerosos fieles viajan a Mugnano, Italia, para rezar ante sus reliquias.

Consideramos que esta obra contiene mensajes muy importantes para los fieles de hoy y que puede dar lugar a aumentar la devoción a la *Santita*.

Hemos tratado de conservar el texto original haciendo el mínimo necesario de correcciones para adecuarlo a la ortografía actual, pero sin quitarle el sabor original.

Dejamos la *Noticia de la vida y milagros del bienaventurado Sebastián Valfredo*, recién beatificado cuando se escribió la obra, que forma parte del libro original.

Óscar Peña

Vida y Milagros de SANTA FILOMENA

(Imagen tomada del libro original)

Santa Filomena Virgen y Mártir

Según se venera en Mugnano

Oración

Excelsa Mártir Santa Filomena; esposa predilecta de Jesús e hija muy amada de María; tan solícita con nuestros devotos y tan cariñosa con la fe sencilla: dignaos alcanzarme una fe viva, esperanza firme, caridad perfecta y la perseverancia final. ¡Santa Filomena, rogad por el Santo Padre y por la Santa Iglesia Católica Apostólica Romana! En Nombre y para gloria de Dios Padre, Hijo y Espíritu Santo. Amén

Credo, Padre Nuestro, Ave María, Gloria Patris.

Varios SS. Obispos de España conceden 160 días de indulgencia a los que hagan esta súplica con espíritu de compunción.

Año 1835

El Traductor Español

— — —

Esta obrita se acabó de componer en Italia en el mes de junio anterior de 1834, y en los seis meses restantes se imprimió hasta quince veces. Traducida al francés, de la 15.ª edición italiana, se ha impreso en París en los primeros días del presente año. Un ejemplar de esta edición que llegó a nuestras manos nos ha proporcionado dar a conocer al público español este Opúsculo interesante, que no dudamos será acogido con la misma benevolencia que lo ha sido en Italia, teatro principal, por ahora, de las misericordias que derrama el Señor por la intercesión de esta amable SANTA, y para más honrarla. El Lector la verá y no extrañará que hayan desaparecido con rapidez las ediciones de un libro que contiene un asunto no menos maravilloso que consolador.

Valencia, 26 de febrero de 1835.

A. S. y S.

PEDRO TOBÍAS,
OBISPO DE LAUSANA Y DE GINEBRA, ETC.

— — —

Extractado este Opúsculo de obras más voluminosas impresas en Italia con aprobación de la Autoridad eclesiástica, y examinado por teólogos dignos de nuestra confianza; permitimos su impresión y circulación en nuestra Diócesis ateniéndonos sin embargo a las protestas del autor y, particularmente, al decreto de Urbano VIII sobre esta materia. A ejemplo, además, de un gran número de nuestros colegas en el obispado, creemos favorecer los designios de la divina Providencia recomendando a nuestros diocesanos la devoción a la SANTA TAUMATURGA FILOMENA, Virgen y Mártir, persuadidos de que dará en nuestra Diócesis los frutos abundantes de santificación que ha producido en otras partes.

Dado en nuestro palacio episcopal de Friburgo, a 14 de julio de 1834. —†Pedro Tobías. —J. X. Fontana, Canciller del obispado.

A los Lectores

— — —

Este Opúsculo se ha hecho a instancias de un venerable Prelado. Viene a ser como un panegírico, cuyos materiales se han sacado, en la mayor parte, de dos obras escritas en italiano sobre la **GRAN SANTA**. Estas dos obras fueron examinadas por la Autoridad eclesiástica antes de ver la luz pública: y entre ellas me he servido principalmente de la que tenía el *imprimatur* de la Autoridad competente de Roma, su fecha a 12 de diciembre de 1833. La otra, de la que la primera no es más que un compendio, contiene el pasaje siguiente: «El nombre de SANTA FILOMENA suena glorioso por todas partes: su devoción se apodera de todos los corazones. Obispos, Arzobispos, Príncipes de la Iglesia[1], adultos, niños, todos, hasta los herejes e impíos, se apresuran a honrar a una Santa, cuyas maravillosas obras saltan a los ojos. He oído a algunos Obispos exclamar: *¡Sea Dios bendito, que nos vivifica por SANTA FILOMENA!* Desde que su culto se ha establecido públicamente en las Diócesis, se han visto personas, que no creían ni aun en la creación, buscar humildemente una estampa de la Santa y cuando han llegado a lograrla se ha regocijado su fe como si poseyesen un gran tesoro. ¡Cuánta misericordia despliega el Señor por medio de esta amable Santa! Pero si SANTA FILOMENA no adquiere tanta celebridad sino por la relación de sus prodigios, hecha de viva voz o por escrito, ¿no habremos de inferir que esta misma celebridad es una prueba viva de la verdad de estos sucesos? Los beneficios de toda especie que acompañan a esta prueba forman otro segundo testimonio, a cuya fuerza difícilmente se puede resistir. Y si reflexionamos que el teatro de estas maravillas es la Italia; que allí y al frente de la Columna y Sede de la verdad publican los oradores los prodigios de la Santa, se imprimen los libros, se reimprimen y desaparecen las ediciones con increíble rapidez..., ¿no deberemos sacar de aquí una consecuencia

---

[1] Podía añadir también los Soberanos Pontífices, pues León XII la proclamó la GRAN SANTA y Gregorio XVI acaba de bendecir una de sus imágenes para darle culto público en la Capital del mundo cristiano.

completamente favorable a lo que predican los unos y a lo que contienen los otros?

No dejaré, sin embargo, de protestar, como debo, y conforme al decreto de Urbano VIII, que no pretendo dar a los hechos contenidos en este Opúsculo otra autoridad que la que les da o diere la Iglesia Católica, Apostólica y Romana, cuyo dictamen es y será siempre la regla para el mío.

Friburgo, 23 de junio de 1834.

J. F. B.

Vida y Milagros

DE

Santa Filomena

VIRGEN Y MÁRTIR

————

INTRODUCCIÓN

———

Qui habet aurem, audiat quid spiritus dicat Ecclesiis (Apoc. II. 7). Las distintas Iglesias o Diócesis de que se compone el mundo cristiano no hacen más que una y sola Iglesia. JESUCRISTO nuestro Señor es su Cabeza: y el Papa, su Representante visible en la tierra, Padre común de todos los fieles, la gobierna en su nombre y por su autoridad. Nadie ignora cómo se formó la Iglesia. JESUCRISTO nuestro Señor, antes de subir al Cielo para sentarse a la diestra de su Padre, prometió a sus Apóstoles que les enviaría su Espíritu. Espíritu de verdad que debía instruirlos, Espíritu de fuerza que debía animarlos, Espíritu de celo que debía hacerlos volar de un cabo al otro del mundo para proclamar por todas partes la divinidad de JESUCRISTO y *llamar del seno de las tinieblas a la admirable luz del Evangelio a la raza electa, al Sacerdocio real, a la Nación Santa, al pueblo adquirido por un Dios Crucificado*, a su Padre celestial y a sus Ángeles (I.ª Petr. II. 9). Llega el día de Pentecostés: de repente y a eso de las nueve de la mañana se siente un gran ruido, semejante al soplo de un viento impetuoso: llena el Cenáculo en que oraban los Apóstoles con MARÍA MADRE DE JESÚS, y en el mismo instante aparecen sobre la cabeza de cada uno, unas como lenguas de fuego, que era el brillante símbolo de lo que obraría en sus almas el Espíritu de JESUCRISTO.

Convertidos repentinamente en otros hombres y hechos generosos atletas de la fe, helos aquí que se lanzan generosamente a la arena y empiezan, para no acabar sino con la ruina del mundo, unos combates que debían sujetar la tierra al imperio del Salvador. *Hoy,* exclama el Príncipe de los Apóstoles, *hoy se cumple la profecía de Joel. En los últimos tiempos, dice el Señor, derramaré mi espíritu sobre toda carne: vuestros hijos e hijas profetizarán: vuestros jóvenes verán visiones, y vuestros ancianos tendrán sueños misteriosos... Yo haré prodigios en lo alto de los Cielos, y maravillas en la tierra... hasta que llegue el gran día del Señor, el día de las manifestaciones... y cualquiera que invoque el nombre del Señor, se salvará* (Act. Apost. II. 16. etc.).

Lo que Joel anunció, lo que publicó San Pedro en medio de Jerusalén y en presencia de una multitud innumerable *compuesta de todas las naciones que habitan bajo del cielo*, esto mismo confirma la historia de todos los siglos del cristianismo hasta nuestros días por un maravilloso cumplimiento: de manera que la Iglesia Católica, Apostólica y Romana puede mostrar con santo orgullo en los prodigios que en todas partes obran sus hijos el título vivo para exigir la veneración universal. *Domino cooperante, et sermonem confirmante sequentibus signis* (Marc. XVI. 20). El Espíritu vivificador que no cesa ni cesará jamás de animarla, da a unos, como dice San Pablo, el *don de sabiduría*, a otros el *don de ciencia*; a este la *gracia de curación*; a aquel una *luz profética* para ver con ella los tiempos futuros, y a este el *poder para obrar toda suerte de prodigios* (I.ª Cor. XII): *con el fin*, dice Santo Tomás, *de que lleguen los hombres a conocer a Dios.*[2] *¿Qué es el hombre, Señor,* quiero yo exclamar aquí, *qué es el hombre para que penséis en él,* y queráis hacer brillar sobre él vuestra gloria? ¿Qué es el hijo del hombre para que, no contento con visitarle, todavía os dignéis hacerle como depositario de vuestro poder divino y el señor en cierto modo de su adorable Dueño? Sí: en los milagros, aunque la criatura no sea más que el instrumento[3], manda, sin embargo, y Dios obedece[4]: ella quiere; algunas veces solo manifiesta un deseo, y Dios ejecuta su voluntad, realiza sus votos; así se explica Santo Tomás: *Deo ad nutum hominis operante.* Mas, ¿por qué me he de admirar de esta especie de prodigios con que Dios ha querido honrar su Iglesia si son los menos preciosos de sus dones? *Los milagros mayores,* dice San Gregorio, *son los del orden espiritual; los que obran no la resurrección del cuerpo,*

---

[2] *Beneficium commune, quod exhibetur in omnibus miraculis, ut scilicet homines adducantur ad Dei notitiam.* 2. 2. q. 178. art. 1. ad 4.

[3] *Deus principaliter operatur, qui utitur instrumentaliter, vel interiori motu hominis, vel etiam aliquo exterior actu.* Ibid.

[4] *Obediente Deo voci hominis.* Jos. X.

sino la conversión de las almas;[5] *y si Dios,* añade San Agustín, *ha guardado en los tesoros de su misericordia algunos de estos efectos extraordinarios de su poder, que sacan al hombre de su letargo y le arrancan un tributo de admiración hacia su Criador, no es porque quiera que los consideremos mayores que los otros, de que cada día somos testigos; sino porque quiere despertar, por lo que tienen de insólito, la estimación que los otros por su frecuencia han perdido en el aprecio de los hombres.*[6]

Así, cuando yo vea que un hombre, como si estuviese revestido del poder divino, obra en el Cielo y en la tierra las mayores maravillas; cuando yo sea testigo de curas innumerables, de resurrecciones tan evidentes como multiplicadas, de la obediencia pronta y continua que los elementos, las tempestades y la naturaleza entera presta a la voz de este nuevo Taumaturgo; mi corazón, humillándose sin duda delante de Dios, autor principal de estos prodigios, glorificará su nombre y confesará la grandeza de su poder; pero también se acordará que dice San Pablo: *hay gracias más estimables aún, porque son mejores y de un orden superior;*[7] y una mirada con fe sobre un Crucifijo o sobre el Tabernáculo donde está el SANTÍSIMO SACRAMENTO bastará para poner justos límites a mi admiración y hacerme reservar para estas maravillas toda la gloria que yo soy capaz de dar a Dios.

Digo esto, ya para responder a los que niegan los milagros porque los juzgan imposibles, ya para inspirar una justa moderación a otros muchos que, demasiado ansiosos por ver y oír estas obras verdaderamente maravillosas del Altísimo, se apasionan por ellas de tal modo que cualesquiera otras por sublimes y divinas que sean, les parecen nada en comparación de las otras. ¡Ah!, lejos de nosotros dos errores igualmente injuriosos a la bondad de Dios.

Creéis sin duda que ha amado al mundo hasta el exceso de dar por él su Hijo único: creéis que este Hijo único, el Verbo de Dios, Dios como su Padre, se ha hecho uno de nosotros, es decir, carne pasible y mortal: creéis que una infame cruz lo vio morir en sus brazos por la

---

[5] *Miracula tanto majora sunt, quanto spiritualia: tanto majora sunt, quanto per haec non corpora, sed animae suscilantur.* Hom. XXIX.

[6] *Ut non majora, sed insolita videndo stuperent, quibus quotidiana viluerant, etc.* Tract. 24. in Joann.

[7] *Aemulamini charismata meliora. Et adhuc exceletiorem viam vobis demonstro.* I. Cor. XII. 31.

salud de los hombres y que, para comunicarles los méritos de su muerte, está presente y vive en los Sacramentos de su Iglesia. ¡Creéis todo esto, y queréis dudar de la posibilidad de esas obras que hace Dios y que de más a más testifican vuestros sentidos...! Dejad, dejad al impío esas dudas; y cuando el Señor, por medio de sus Ángeles y Santos, ministros ordinarios de su poder, os haga ver que su mano no está abreviada; que siempre es el mismo para obrar maravillas; a las objeciones que el enemigo de su gloria pueda sugeriros, contestad con estas palabras del Símbolo de la Fe: *Credo in Deum, Patrem Omnipotentem.*

Por lo que hace al segundo error, basta para disiparle traer a la memoria estas palabras del Doctor Angélico: *los milagros,* dice, *tienen por objeto confirmar la fe.*[8] ¿Cómo pues podrán disminuir su estimación? Al contrario, *debes,* cómo dice San Agustín, *ayudarte de estas obras visibles para levantar tu espíritu a la admiración del Dios invisible,*[9] tal como nos lo muestra la fe en los misterios y en sus sacramentos.

Ni aun esto basta, añade el mismo Doctor: *Preguntad a los milagros mismos, qué nos quieren decir de JESUCRISTO, pues si acertamos a entenderlos, tienen su lengua propia.*[10] ¿Pero juzgáis quieren decir otra cosa sino que subáis un poco más arriba para que la admiración que os han causado haga lugar al regocijo que debe inspiraros el amor infinito de JESUCRISTO, que tanto se deja ver en los dones inapreciables con que ha querido honrar a su muy amada Esposa, la Iglesia Católica, Apostólica y Romana?

Explanadas estas reflexiones que me ha parecido deber exponer a los que lean este Opúsculo, toco ya en el asunto principal que me he propuesto tratar. Se trata, como lo dice el título, de una TAUMATURGA[11] cuyas obras verdaderamente maravillosas han hecho célebre su nombre hasta las extremidades de la tierra.

He aquí lo que dice D. Francisco de Lucía, Compendiador de la obra escrita sobre la Santa, y de quien tomamos los materiales para

---

[8] *Operatio miraculorum ordinatur ad fidei confirmationem.* Loc. cit.

[9] *Hoc admotum sensibus, ut erigeretur mens; ut invisibilem Deum, per visibilia opera miraremur, erecti ad fidem.* Tract. 4. in Joan.

[10] *Interrogemus ipsa miracula, quid nobis loquantur de Christo; habent enim, si intelligantur, linguam suam...* Ibid.

[11] Se da este nombre a los Santos a quienes Dios hace célebres por el gran número de prodigios que obra por su ministerio.

esta noticia. «El milagro mayor, sin contradicción, de cuantos ha obrado el Señor en favor de la Santa Mártir es la admirable rapidez con que se ha propagado su culto. El nombre de FILOMENA, principalmente después del sudor milagroso, bien justificado, de una de sus estatuas erigida en Mugnano, semejante a la luz, que en breves momentos penetra el espacio inmenso que hay del sol a la tierra, ha llegado hasta las extremidades del globo en muy poco tiempo: los libros que hablan de sus milagros y las estampas que tienen su imagen han sido conducidas por celosos Misioneros a la China, al Japón y a muchos establecimientos católicos de la América y del Asia. En la Europa se propaga su culto cada día más, y no solo en los campos, aldeas y caseríos, sino en las ciudades más ilustres y más populosas. Grandes y pequeños, Pastores y ovejas se unen para honrarla. Se ve al frente a los Cardenales, Arzobispos, Obispos, Generales de las Órdenes y Eclesiásticos muy recomendables por su saber y sus virtudes. Los oradores más elocuentes publican su gloria desde la cátedra del Espíritu Santo y cuantos fieles tienen noticia de ella, principalmente en el reino de Nápoles y países vecinos, donde se cuentan a millones, le dan unánimemente el nombre de TAUMATURGA». *He aquí*, prosigue el mismo autor, *lo que se ve, lo que se toca en algún modo con la mano, lo que puede llamarse el mayor de los prodigios y lo que debe hacernos esperar que algún día, y acaso no está muy lejos, ocupe el nombre glorioso de FILOMENA un lugar distinguido en el Martirologio Romano y que le dé un culto solemne la Iglesia universal.*

La esperanza del autor me parece bien fundada porque ya en 1827, habiendo presentado el Custodio de las Santas Reliquias, Monseñor Felipe Ludovici, al Papa León XII un ejemplar de la segunda edición de la obra de D. Francisco de Lucía, y después de lo que sobre el particular dijo el célebre Misionero D. Salvador Pascali que se hallaba presente; el Vicario de JESUCRISTO recorrió rápidamente esta obra y, habiendo hecho algunas preguntas a Monseñor Ludovici sobre los milagros de la Santa, no pudo menos de mostrar grande admiración y, alabando a Dios por el poder que le había concedido, bendijo en los términos más afectuosos a todos los que bajo la protección de la GRAN SANTA (son sus propias expresiones) se consagran, aunque no salgan del mundo, a la práctica de la penitencia.

Desde entonces se ha aumentado cada día más el número de devotos a la Santa en el centro del Catolicismo. Yo mismo fui testigo de ello en 1832: yo vi con mis propios ojos el grande aparato con que se honraba a la Santa y en medio de él a varias personas que habían recibido de ella gracias muy señaladas. He aquí el extracto de dos cartas escritas desde la misma ciudad por persona muy fidedigna: la fecha de la una es a 4 de abril y la otra a 20 de mayo de 1834. *Nuestra Santa FILOMENA no cesa de obrar prodigios en Roma, en Ancona, en Nápoles, en Florencia... En esta última ciudad, el R. P. F, que predicaba la cuaresma en la Capilla del Gran Duque, ha predicado también un panegírico de la joven TAUMATURGA. Su culto se extiende a vista de ojos. En Caravita tenemos un lienzo soberbio de la Santa, y bien pronto se edificará una capilla. Todos los días se abren nuevas láminas para tirar estampas...*

La buena SANTA FILOMENA continúa consiguiendo toda especie de gracias para sus devotos... querer describir aquí las curas y otros favores milagrosos obtenidos por su intercesión, seria querer componer volúmenes... En Roma se ven expuestos sus cuadros y sus reliquias en muchas Iglesias... El pueblo corre en tropel a venerarlas... Se hacen Novenarios, Triduos, etc. Propagad la devoción a la joven TAUMATURGA y estad seguro de que recibiréis para vos y para los demás gracias muy señaladas... Es una guarda muy fiel de la Virginidad: sobre este artículo es muy severa.

Por lo que yo mismo he visto en Italia y por lo que dice Don Francisco de Lucía en su *Relación histórica*, debo añadir que un gran número de Obispos, tanto del reino de Nápoles como de los estados del Papa, han mandado que en sus Diócesis se dé culto público a la Santa; y en efecto se la honra ya por el Clero con rezo y misa propia. *Es una deuda,* dice nuestro autor, *que han contraído y han querido pagar por los beneficios que las ovejas han recibido de la Santa.*

¡Pueda este Opúsculo, que como el óbolo de la viuda pongo en el tesoro de la gloriosa Mártir, atraerme algunas miradas de benevolencia y contribuir a la propagación de su culto, y a manifestar su poder en donde quiera que su nombre y su gloria no son aún conocidos!

La división que me propongo seguir es la siguiente. Hablaré primero del descubrimiento de su santo Cuerpo y de las circunstancias que acompañaron y siguieron. Expondré en seguida la historia de su martirio: después la de su traslación a la villa de Mugnano. Clasificaré después de esto, en varias secciones, los milagros de toda especie obrados por la Santa u obtenidos por su intercesión; y concluiré con algunas prácticas de devoción que me parecen conformes a los designios que ha podido tener el Espíritu de Dios, manifestando de un modo tan prodigioso la gloria de la **GRAN SANTA FILOMENA.**

— — — —

CAPÍTULO PRIMERO
Descubrimiento del Cuerpo de

Santa Filomena

———

Dice el Salmista[12] que *Dios es admirable en sus Santos y en las maravillas que por ellos obra en favor de su pueblo. El fruto,* añade, *de estas obras maravillosas es un aumento de fuerza y de valor en el corazón de sus hijos,* y bendice al Señor por ello. En la invención de las santas Reliquias de nuestra TAUMATURGA encontramos una nueva prueba de esta palabra divina. Se hallaban sepultadas e ignoradas del mundo entero hacía casi quince siglos, como diremos más adelante, cuando he aquí que aparecen a los ojos del universo coronadas de honor y de gloria. ¿Qué prodigio es este? ¿Quién puede haberlo obrado sino la mano de aquel que dictó estas palabras a su Profeta: *la memoria del justo sobrevive a todos los siglos: participa de mi eternidad?*...[13] Solo el justo pues, merece el nombre de sabio, porque no levanta su edificio sobre la arena movediza de este mundo; sino sobre la roca inalterable: *sobre las montañas de Dios*...[14] ¡Oh, si los insensatos de la tierra pudiesen comprender y gustar este lenguaje! De cualquier modo, tal es la lección que Dios ha querido darles; y si por su locura no se aprovechan de ella, no por eso será menos útil a los que marchan ya *por el camino recto*; quienes al considerar los designios que ha tenido el Señor en exaltar a su humilde sierva SANTA FILOMENA se sentirán animados con nueva fuerza y correrán, volarán con la rapidez del águila por las sendas estrechas pero llenas de gozo y de esperanza, porque saben que su término es la vida eterna.

El 25 de mayo de 1802 fue encontrado el Cuerpo de SANTA FILOMENA en las excavaciones que cada año acostumbran hacer en

---

[12] *Mirabilis Deus in sanctis suis: ipse dabit virtutem et fortitudinem plebis suae: benedictus Deus.* Ps. 77.

[13] *In memoria aeterna erit justus: ab auditione mala non timebit.* Ps. 3.

[14] *Fundamenta ejus in montibus sanctis.* Ps. 86.

Roma, en los lugares donde fueron sepultados los Mártires. Este año se hacía esta operación subterránea en las catacumbas de Santa Priscila, en la nueva *Via Salaria*. Apareció desde luego la lápida sepulcral, que llamó la atención por su singularidad: era de tierra cocida y contenía varios signos misteriosos alusivos a la Virginidad y al Martirio. Estaban cortados por una línea transversal que contenía una inscripción cuyas primeras y últimas letras habían padecido algo por los golpes de los instrumentos con que fue levantada. Decía así:

(FI)LUMENA PAX TECUM FI(AT)[15]

El sabio P. Mariano Portenio, Jesuita, cree que las sílabas contenidas en los paréntesis deben unirse para formar una sola palabra; dice que era esto muy usado entre los Caldeos, Fenicios, Árabes, Hebreos, y aun entre los Griegos se encuentran algunos casos. Discutan este punto los eruditos: yo me contento con observar con el mismo sabio que *en las lápidas que ponían los cristianos en los sepulcros de los Mártires de las primeras persecuciones, en lugar de la fórmula* IN PACE *que era muy usada, se ponía esta otra que tiene algo más de energía:* PAX TECUM.

Levantada la lápida, aparecieron los Restos preciosos de la Santa Mártir y junto a ellos un vaso de vidrio sumamente limpio cuya mitad superior estaba rota y la otra entera y cubierta interiormente de sangre desecada. Esta sangre, indicio cierto del género de martirio que terminó los días de SANTA FILOMENA, fue recogida conforme al uso de la primitiva Iglesia por los cristianos piadosos, quienes, cuando por sí mismos no podían, se dirigían a los paganos, y aun a los verdugos de sus hermanos, para conseguir junto con los venerables despojos esta sangre preciosa, ofrecida con tanta generosidad a aquel que por la efusión de la suya en la cruz santificó los sacrificios, los dolores y la muerte de sus hijos.

Mientras que se ocupaban en despegar de los pedazos de vidrio la sangre que contenían y cuyas partículas se reunían con el mayor cuidado en una urna de cristal, las personas que se hallaban presentes, y entre las que había algunas de talento y de instrucción, no pudieron menos de admirarse al ver centellear de repente la urna, que era objeto

---

[15] FILOMENA, la paz sea contigo: así sea.

de la curiosidad. Se acercan un poco más: consideran despacio este prodigioso fenómeno y, penetrados de la más viva admiración junta con el más profundo respeto, bendijeron a Dios que *glorifica a sus Santos*. Las partículas sagradas al pasar del vaso roto a la urna se transformaban en varios globulitos brillantes, y de un modo permanente. Unos presentaban en su brillantez el color del oro más puro; otros, de la plata; estos, las preciosas luces del diamante; aquellos, del rubí, de la esmeralda y otras piedras preciosas, de manera que, en lugar de la materia, cuyo color al despegarla del vaso era moreno y oscuro, no se veía en el cristal sino la mezcla hermosa de varios colores que brillaban como los del arco iris.

Los testigos de este prodigio no eran hombres para admitir dudas sobre lo que veían sus ojos y examinaban con atención reflexiva. Por lo demás, sabían que Dios no es tan avaro de sus dones, en especial con aquellos a quienes colma en el Cielo con las riquezas de su gloria, que juzgasen pudiera haberle costado muchos esfuerzos esta maravilla: ellos la consideraban no solo en sí misma y como un destello de aquella claridad celestial prometida en los libros santos al alma del justo;[16] sino también en los felices y saludables resultados que producía en sus almas, cuya fe sentían reanimarse… Y si para justificar sus piadosos sentimientos hubiesen comparado lo presente con lo pasado, ¿no podrían haber traído a la memoria, entre otros muchos sucesos semejantes, el que se lee en la vida de San Juan Nepomuceno que arrojado al Moldava se le veía por la noche en medio de las aguas, mediante la luz que lo rodeaba a manera de vestido?... Lo que acabamos de decir de SANTA FILOMENA es muy admirable sin duda; mas sin embargo, ¡cuánto dista este prodigio de aquel de que solo es una señal y prenda: de la resurrección del cuerpo, quiero decir, cuando los escogidos *sean transformados en la gloria misma de* JESUCRISTO!

Al leer lo que precede se admira uno, sin duda, de la permanencia de esta milagrosa transformación, pues subsiste todavía con asombro de cuantos la contemplan… Aún se ven en la urna los mismos cuerpos resplandecientes, pero su brillo no es siempre igualmente vivo ni los colores con que resplandecen tienen la misma brillantez, pues a veces se notan algunos eclipses, como para dar lugar a que sobresalga ahora el rubí, luego la esmeralda, etc.; y tal vez se advierte también que se templan todos los colores como si a los globitos estuviese pegada una ligera capa de ceniza. Solo una vez se los ha visto

---

[16] *Fulgebunt justi sicut sol… et tamquam scintillae, etc.* Sap. III. 7.

apagarse enteramente; y espantados los ojos que lo observaban, no vieron en la urna más que una tierra ordinaria. Pero no duró mucho la novedad, porque recobraron su resplandor ordinario cuando los ojos indignos de cierto personaje, que murió poco después repentinamente, dejaron de profanar con sus miradas la santidad de reliquias tan venerables… ¡Gran Dios, cuán amables y cuán terribles son a un tiempo las obras de vuestro poder!

Aquí se presenta a mi alma una dificultad, que también habrá ocurrido a la de mis lectores. Este prodigio se verificó cuando se extrajo el santo Cuerpo de las catacumbas. Los testigos oculares debieron hablar de él y por consiguiente divulgarse por la ciudad de Roma. ¿Cómo es, pues, que habiendo ocurrido esto el 25 de mayo de 1802, en lugar de ser puesto en los altares un objeto tan digno de respeto, para recibir los homenajes de los fieles, se quedó confundido hasta mediados de 1805 entre los cuerpos de otros Santos Mártires a quienes no plugo al Señor honrar de un modo tan brillante? Pero, si pienso en la sabia detención y en la circunspección casi sobrenatural con que procede la Corte de Roma cuando se trata de pronunciar sobre esta clase de sucesos: si reflexiono, sobre todo, en las miras de la Providencia sobre este depósito sagrado, luego se desvanece la dificultad. Sí: quería Dios (los acontecimientos posteriores lo confirman) Dios quería que después de haber dado el primer resplandor semejante al de la aurora, este nuevo Sol hecho a imagen de aquel que ilumina a todo hombre que viene a este mundo, quedase otro poco oculto entre las nubes hasta que preparado todo para el día en que debía mostrarse a la faz del universo resplandeciese del modo más brillante, y tanto más admirable cuanto que no teniendo en algún modo otra tienda que Nazaret, se viese con evidencia que su gloria, así como la de JESUCRISTO, emanaba del Padre Celestial, celoso de coronarla Él solo para que se viese mejor lo que puede y lo que hace su amor en favor de los que honra. ¡A Él sea la gloria eternamente!

———

CAPÍTULO II

Historia del martirio de

Santa Filomena

———

El Martirio de SANTA FILOMENA solo es conocido por los símbolos grabados en la lápida de que hemos hablado y por las revelaciones hechas por la misma Santa a varias personas.[17] Empecemos por aquellos.

---

[17] No se espante nadie a esta palabra *revelación*, porque es cierto que desde el principio del mundo Dios ha revelado a los hombres muchas cosas por Él solo sabidas. Lo ha hecho, dice San Pablo, *en muchas partes y de muy distintas maneras;* pero, sobre todo *en los últimos tiempos por su muy amado HIJO.* Y lo que ha hecho con frecuencia, ¿se atreverá nadie a disputarle el derecho o quitarle la facultad de repetirlo? Si contra las revelaciones se objetase la pequeñez o la indignidad del hombre…, nuestro Dios, respondo yo, ¿no es Dios de infinitas misericordias? El hombre, por miserable que sea, ¿no es hijo de Dios?, ¿no es la obra de sus manos y de su bondad, destinada a ser algún día una misma cosa con Él en la bienaventuranza eterna? Se objetará, tal vez, la inutilidad de estas comunicaciones del hombre con Dios; pero ¿dónde están las pruebas? No discurría así el docto y gran Pontífice Benedicto XIV* cuyas palabras son de tanto peso en esta materia: juzga este sabio que, si las revelaciones *son piadosas, santas y propias para que aprovechen las almas, deben admitirse en los procesos* que se forman en Roma para la canonización de los Santos: no mira pues como inútiles todas las revelaciones. Así que, si después de un maduro examen, si después de haber consultado a personas doctas y versadas en estas materias, si después de haberlas sometido a la Autoridad Eclesiástica (como ha sucedido con éstas), se obtiene el permiso de publicarlas para gloria de nuestro Señor y edificación de los hombres, ¿quién se atreverá a decir que tales revelaciones llenas, por otra parte, de *santidad* y de *piedad* son inútiles o dañosas? ¡Ah!, no vean nuestros ojos que alguno de los fieles se hace digno de que el Espíritu Santo le haga cargo de lo que solo se dijo para los impíos: *¡blasfeman de lo que ignoran!* No quiero yo seguramente que se imite la conducta de aquellos que reciben como revelación todo lo que oyen decir que lo es, pues convengo en que esto sería la más peligrosa de las locuras; pero debo repetir con San Pablo que *si no puede ser*

El primero es un ÁNCORA, símbolo no solo de fuerza y de esperanza, sino también de una especie de martirio semejante al que padeció el Papa San Clemente, a quien, por orden de Trajano, arrojaron al mar con un áncora atada al cuello.

El segundo es una FLECHA que, puesta sobre la tumba de un mártir, significa un tormento semejante al que hizo sufrir Diocleciano al generoso Tribuno de la primera Cohorte, San Sebastián

El tercero es una PALMA, colocada casi en medio de la lápida: es la señal y como el timbre de una brillante victoria conseguida contra la crueldad de los jueces perseguidores y contra la rabia de los verdugos.

Debajo hay una especie de LÁTIGO, instrumento de que se servían para azotar a los culpados y cuyos ramales armados de plomo no cesaban de magullar y surcar los cuerpos de los inocentes cristianos si no cuando en el tormento había acabado la vida.

Vienen después otras dos FLECHAS, dispuestas de modo que sus puntas están en dirección inversa, pues la una se dirige hacia arriba y la otra hacia abajo. La repetición de este signo, ¿no indicará naturalmente la repetición del mismo tormento, y su disposición un milagro semejante al que se vio en Monte Gargano cuando habiendo un pastor lanzado una flecha contra un toro que se había metido en la cueva consagrada al Arcángel San Miguel vio, y con él otras personas que estaban presentes, que esta misma flecha volvió y cayó a los pies del que la disparó?

Se ve, por último, una AZUCENA, símbolo de la inocencia y de la virginidad que, uniéndose con la palma y el vaso ensangrentado de que hemos hablado, publican el doble triunfo de SANTA FILOMENA

---

*despreciada toda profecía,*** tampoco toda revelación: que es necesario creer piadosamente aquellas revelaciones que, según las reglas aprobadas por la Iglesia y seguidas de los Santos, tienen el carácter de verdad.

Tales son las revelaciones de que voy a hablar en este capítulo y que, por otra parte, están perfectamente acordes con los emblemas grabados en la piedra sepulcral.

* *Si revelationes sunt piae, sanctae et animarum saluti proficuae, admittendae sunt in Processu.* De Beatific. Ss. lib. 3. t. 7. cap. 3

** *Prophetias nolite spernere.* I Thesal. v. 20.

sobre la carne y sobre el mundo, e invitan a la Iglesia a honrarla con los títulos gloriosos de *Mártir* y de *Virgen*.

Veamos ahora si las revelaciones están acordes con estas señales.[18] Cada uno podrá juzgarlo por sí mismo.

He aquí lo que refiere el artesano: «Yo vi, dice, al tirano Diocleciano perdido de amor por la Virgen FILOMENA. La condenó a muchos tormentos, lisonjeándose continuamente de que con esto doblaría en fin su valor y la obligaría a rendirse a sus deseos. Pero, viendo que sus esperanzas eran vanas y que nada podía ablandar la voluntad firme de la Santa Mártir, cayó en una especie de demencia; y, en la rabia que entonces lo agitaba, se lamentaba de no poderla lograr por esposa... En fin, después de haberla hecho padecer varios tormentos (y cita precisamente los mismos que están designados en la lápida sepulcral y de que él *absolutamente no tenía conocimiento*) el tirano la hizo decapitar. Apenas se ejecutó esta orden, se apoderó la desesperación de su alma. Entonces se le oyó gritar: "¡Conque FILOMENA no será jamás mi esposa!... ¡Hasta el último suspiro ha sido rebelde a mi voluntad!... ¡Ya es muerta!... ¿Cómo podré resucitarla?". Y diciendo esto se arrancaba la barba como un furioso: entraba en espantosas convulsiones y, tirándose desde el trono al suelo, agarraba con los dientes cuanto se le presentaba, concluyendo con decir que no quería ser emperador». Tal es en sustancia el resumen de la visión con que Dios ha querido honrar a un hombre sencillo e ignorante; visión, añade nuestro Compendiador, muy conforme a lo que nos enseña la

---

[18] Conviene observar que: 1.º Estas revelaciones se han hecho a distintas personas y, de ellas, la primera es un artesano joven muy conocido de D. Francisco de Lucía quien, en su obra esparcida por millares en el reino de Nápoles y estados vecinos, da un testimonio público de su sólida piedad y pureza de conciencia. La segunda es un Sacerdote celoso, hoy Canónigo, quien, por su devoción a la Santa, de la que es perpetuo panegirista, ha obtenido de ella gracias muy particulares. La tercera es una Virgen consagrada a Dios en un claustro austero: vive en Nápoles y su edad es de unos 34 años. 2.º Estas personas no se conocen, habitan en pueblos muy distantes unos de otros y jamás han tenido entre sí relación alguna. 3.º Las relaciones que han hecho, bien de viva voz, bien por escrito, concuerdan perfectamente en el fondo de ellas, en cuanto a las principales circunstancias y lejos de contradecir en nada a los símbolos de la lápida que acabamos de explicar les dan una aclaración tan sencilla como edificante.

historia de los últimos años de Diocleciano (o cuando menos a lo que claramente da a entender).[19]

---

[19] Al fin del año 302, y principio de 303 se logró de Diocleciano el decreto para extinguir los cristianos, habiéndose limitado hasta entonces a prohibir y perseguir el culto. En la misma época se trasladó a Roma en compañía de Maximiano para gozar ambos del triunfo que merecían sus victorias contra los Persas y otros enemigos del Imperio; pero en vez de satisfacciones solo cogió disgustos. Los romanos lo satirizaron, lo burlaron y ofendieron a más con una familiaridad que no decía bien con los honores casi divinos que se hacía dar y a que se había acostumbrado en el Oriente. Con esto subió de punto la aversión que ya tenía a Roma, y tomó la determinación de abandonarla para siempre, como en efecto lo verificó *saliendo de ella repentinamente el 13 de diciembre del año 303. En el camino le acometió una enfermedad que, degenerando en languidez, debilitó su cuerpo y su espíritu.* (Nuestro siglo comprende mejor que ningún otro la causa más ordinaria de esta enfermedad). *Después de algunos meses de padecer, estaba tan demudado cuando se presentó en público, que fue difícil reconocerlo. Fastidiado de las grandezas, cansado de trabajos y disgustado de los hombres, tomó la resolución extraordinaria de renunciar el poder supremo. Sus panegiristas atribuyen a su prudencia esta grande determinación: sus detractores a debilidad»* (Historia Romana del Conde Segur, cap. XX). Y entre estos modos de pensar, ¿quién probará que no es la verdadera causa la que hoy sabernos por un camino tan extraordinario o, a lo menos, la que fijó definitivamente su resolución, puesto que, en efecto, renunció el Imperio a poco de haber llegado de Nicomedia?

Resulta, entre tanto, que, aunque Diocleciano habitase ordinariamente en su Corte Oriental de Nicomedia, no por eso dejó de pasar en Roma casi todo el año 303. Este fue el primero de la décima persecución de la Iglesia, la más cruel y más larga de cuantas suscitaron contra ella los Emperadores paganos, pues duró hasta el advenimiento al trono de Constantino el Grande en 313. Al mismo año de 303, por consiguiente, debemos referir el martirio de la Santa, ocurrido, como ella misma revela, el día 10 de agosto. Se ve también el ningún fundamento de las objeciones de los críticos italianos contra estas revelaciones y de que habla más adelante el autor, alegando contra ellas la larga permanencia de Diocleciano en Oriente; pues, aunque fuese larga, no fue tan continua que no sufriese la interrupción de cerca de un año.

Pero hagamos todavía una observación. Dice el sencillo e ignorante artesano que vio a Diocleciano *tirarse desde el trono al suelo,* etc.: y por si acaso esta familiaridad, digámoslo así, de un Emperador romano con el trono chocase a los que saben la poca etiqueta que gastaban aquellos Soberanos, será bueno sepamos que Diocleciano fue en esta parte excepción de regla. Oigamos al escritor citado arriba. *Hasta entonces, dice, los Emperadores, abriendo su palacio al público, viviendo con el pueblo como ciudadanos, con los oficiales*

La segunda revelación es la que se hizo a un Sacerdote muy devoto de SANTA FILOMENA. Don Francisco protesta que cuanto dice sobre ella, se lo ha referido el mismo Sacerdote, prescindiendo de haberle oído hacer la relación de ello públicamente en la Iglesia donde está el Cuerpo de la Santa.

He aquí cómo se explica: «Me paseaba un día, dice, por el campo, cuando vi venir hacia mí una mujer desconocida. Me dirige la palabra y me pregunta: ¿es cierto que habéis colocado en vuestra Iglesia un cuadro de SANTA FILOMENA?

—Cierto es, le respondí: no os han engañado.

—Pero ¿qué sabéis, replicó, de esa Santa?

—Bien poco; porque hasta hoy no hemos podido saber de su historia sino lo que inferimos de los símbolos estampados en la lápida de su sepulcro, y yo soy quien los ha interpretado.

Acabo, y me replica con viveza.

—¿Conque en fin no sabéis más?

—Nada más.

---

como compañeros de armas, juzgaban como Pretores, mandaban como Generales, administraban y presidian en calidad de Cónsules; y no se distinguían de los Senadores, sino por el manto de púrpura. Pero todo cambió apenas subió al trono Diocleciano. Vistiose de una tela de oro sembrada de pedrerías, y ciñó su frente con la diadema. Su palacio, semejante al de un Rey oriental, se llenó de eunucos y de esclavos: una guardia interior prohibía la entrada al pueblo y a los grandes, excepto a los ministros y algunos favoritos. El Príncipe, para inspirar mayor respeto, se conservaba a una distancia inmensa entre él y los ciudadanos; los obligaba a llamarle Señor *y les daba el nombre humillante de* súbditos. *En fin, era casi inaccesible e invisible como el Dios* (Júpiter) *cuyo nombre había tomado* (Segur, Hist. Rom. ib.). Es pues de creer que un Príncipe tan aficionado a la majestad gustaría de holgarse a menudo con ella en el puesto donde hace mejor figura: «Diocleciano gobernó con vigor, dice Bosuet, pero con insufrible vanidad». De cualquier modo, es muy admirable la conformidad de las noticias que nos da este artesano sin luces con lo poco que nos dice la historia; y digo poco, porque Diocleciano no tuvo un Historiador. (*Nota del Traductor Español*)

—Pues hay tanto que saber de esa Santa que, cuando el mundo lo entienda, no acabará de volver de su asombro: ¿sabéis a lo menos la causa de su persecución y de su martirio?

—Ya he dicho que no sabemos más.

—Pues bien, yo os lo diré: fue martirizada por haberse negado a dar su mano a Diocleciano, que la destinó para esposa suya; y la causa de su repulsa fue el tener consagrada su Virginidad a JESUCRISTO.

Lleno yo de alegría al oír estas palabras, como quien adquiere noticias que ha deseado mucho tiempo, la interrumpí y le dije:

—¿Estáis bien cierta de lo que acabáis de decir? ¿No me engañáis en ello? Pero decidme: ¿dónde habéis leído eso?, porque hace bastantes años que trabajamos buscando algunos detalles sobre esta Santa y hasta ahora hemos perdido el tiempo y el trabajo. ¿Decidme, de qué libro habéis tomado la noticia que me acabáis de dar?

—¡De qué libro!, me replicó con un tono en que advertí no sé qué especie de sorpresa y de gravedad, ¡de qué libro!, ¡y a mí me hacéis esa pregunta! ¡A mí! ¡Como si yo pudiese ignorarlo!... No: seguramente no os engaño, estoy bien cierta de lo que digo: podéis creerme; sí, lo sé, estoy segura de ello, creedme.

Y en diciendo esto la vi desaparecer como un relámpago».

Hagamos alguna reflexión sobre esta relación fielmente traducida del autor italiano. La incógnita (que en mi dictamen no es dificultoso reconocer quién es) habla de la mano que le ofreció Diocleciano, lo que supone que el martirio de la Santa debió verificarse en tiempo en que Diocleciano estaba viudo o a punto de serlo por la muerte que dio a Santa Serena, su esposa, y a su hija en odio de la religión que profesaban.[20]

---

[20] El Martirologio Romano hace mención de Santa Serena el día 16 de agosto, en estos términos: *Romae, Sanctae Serenae, uxoris quondam, Diocletiani Augusti*: lo que hace creer que había sido repudiada, probablemente por ser cristiana. Por lo demás, no era necesario tanto para que Diocleciano quisiese tomar otra mujer, aunque le viviesen una o más; y acaso en la fecha que vamos lo era también Prisca, que cuatro años más adelante, el 307, fue decapitada con su hija Flavia por Majencio. La razón de estado autorizaba, y aun obligaba, al repudio. Por ella, el virtuoso Constancio, César con Diocleciano, se vio precisado a repudiar a su santa esposa Elena, madre de Constantino el Grande; y Galerio repudió a la suya por la misma razón.

El Emperador se encontraba entonces en Roma, pues allí hizo condenar a muerte en dos distintas veces al generoso San Sebastián. Estas observaciones sugeridas por la revelación precedente determinan sobre, poco más o menos, la época del martirio de SANTA FILOMENA y refutan la objeción que varios críticos han pretendido hacer fundados en la larga mansión que este Emperador hizo en Oriente.[21]

La tercera revelación, que también es la más circunstanciada, es la de la religiosa de Nápoles.[22] Sigamos paso a paso a nuestro autor.

Hacía mucho tiempo, dice, que la Santa Mártir había dado muestras sensibles de dispensar a esta religiosa una protección particular: la había librado de las tentaciones de desconfianza y de impureza con que Dios quiso purificar más a su sierva; y al estado penoso en que la pusieron estos ataques de satanás, hizo suceder las dulzuras de la paz y de la alegría. En las comunicaciones íntimas que se verificaban a los pies de un Crucifijo entre estas dos esposas del Salvador, la Santa le daba consejos llenos de prudencia, ya para la dirección de la Comunidad de que era Superiora, y ya para su conducta personal. Los puntos sobre que con más frecuencia versaban estas comunicaciones eran el precio inestimable de la Virginidad, los medios de que se había servido SANTA FILOMENA para conservarla intacta aun en medio de los mayores peligros, y los inmensos bienes que se encuentran en la Cruz y en sus frutos.

Estos favores extraordinarios que, concedidos a un alma penetrada de sus miserias, se creía indigna de ellos, la hicieron temer alguna ilusión. Acudió a la oración y a la prudencia de los que Dios había destinado para dirigir su alma; pero mientras estos sabios directores pesaban con un examen detenido y juicioso las varias gracias con que el Cielo honraba a esta religiosa, da parte de nuevas revelaciones que se le han hecho y de distinta naturaleza de las

---

Pero el antojo era en aquellos tiempos una ley todavía más imperiosa: he aquí un ejemplo notable. Mientras Diocleciano se aparejaba para derribar a su competidor Carino, vivía este muy entretenido en Roma, casándose como lo hizo, hasta nueve veces, en pocos días. (*Nota del Traductor Español*).

[21] Véase la nota 19.

[22] No se publicó esta relación sino después de un riguroso examen hecho por la Autoridad Eclesiástica y cuando se adquirió el convencimiento de que tenía todos los caracteres que distinguen las verdaderas revelaciones de las falsas.

anteriores, pues se ordenaban a hacer el nombre de la Santa más glorioso.

La persona de que hablamos tenía en su celda una imagencita de bulto de SANTA FILOMENA que la representaba tal como está en Mugnano, y más de una vez observó toda la Comunidad unas alteraciones en el rostro de esta estatua muy ajenas de un cuerpo inanimado. Esto inspiró a todas las religiosas el piadoso deseo de colocarla en la Iglesia y de hacerle una fiesta con la posible solemnidad.

Se verificó la fiesta, y desde entonces quedó en un altar la milagrosa imagen. La buena religiosa iba a dar gracias los días de Comunión delante de ella, y un día que sentía en su corazón un vivo deseo de saber la época fija del martirio de la Santa a fin, decía ella, de que sus devotos puedan honrarla mejor; advierte, de repente, que se le cierran sus ojos sin que pudiese abrirlos, a pesar de los esfuerzos que hacía, y oye que con voz sumamente dulce, que le pareció venir de la parte donde estaba la estatua, se le dice lo siguiente:

Mi querida hermana, el día 10 de agosto morí para vivir por siempre entrando triunfante en el cielo, donde mi divino Esposo me puso en posesión de los bienes eternos, incomprensibles a todo entendimiento humano. Por esta razón, en mi traslación a Mugnano dispuso su divina Sabiduría las cosas de modo que, a pesar de los planes bien concertados del Sacerdote que obtuvo mis despojos mortales, no llegué allá el 5 del mes como él había fijado, sino el 10; ni llegué tampoco para ser colocada en su oratorio, casi clandestinamente, como él quería; sino en la Iglesia y en medio de universal alegría, acompañada además de tantas y tan maravillosas circunstancias que hicieron del día de mi Martirio un día de verdadero triunfo.

Estas palabras, que contienen en sí mismas las pruebas de la verdad que las había dictado, renovaron en el corazón de la religiosa el temor de padecer alguna ilusión. Redobla sus oraciones y suplica a su confesor que la desengañe: afortunadamente, el medio era bien fácil. Escribe a Don Francisco de Lucía, refiriéndole lo que pasaba, encomendándole el secreto, y conjurándole para que contestase sobre los puntos que en la revelación tenían relación con las circunstancias concernientes a las medidas que tomó en la traslación del santo Cuerpo. Este encuentra que convienen perfectamente con la verdad del hecho, y su respuesta no solamente consoló a la religiosa afligida, sino que animó a sus Directores a aprovecharse, para gloria de Dios y de la

Santa, del medio que ella misma parecía indicar para tener noticia de los pormenores de su Vida y su Martirio.

Le ordenaron, pues, que hiciese a la Santa las más vivas instancias a este propósito; y como la obediencia, según dicen los Libros santos, es siempre victoriosa, un día que orando con fervor en su celda pedía esta gracia, se cierran sus ojos a pesar de su resistencia y oye la misma voz que le dice:

«Mi querida hermana, soy hija de un príncipe que gobernaba un pequeño estado en la Grecia. Mi madre era también de sangre real; y como no tenían sucesión, uno y otro todavía idólatras, hacían plegarias y ofrecían continuos sacrificios a sus falsos dioses para lograrla. Un médico de Roma llamado Publio, que está en el Paraíso, vivía en el palacio al servicio de mi padre. Era cristiano y, vivamente compadecido de la aflicción de mis padres y de su ceguedad, se puso un día, movido del Espíritu Santo, a hablarles de nuestra fe, procediendo hasta prometerles sucesión si consentían en recibir el bautismo. La gracia de Dios que acompañó a sus palabras iluminó sus entendimientos, triunfó de su voluntad y, hechos cristianos, lograron la dicha tan deseada y que Publio había prometido como prenda de su conversión. Cuando nací me llamaron LUMENA, aludiendo a la luz de la fe de que, por decirlo así, había sido yo el fruto; y el día de mi bautizo me llamaron FI-LOMENA, o hija de la luz (*Filia luminis*) porque en este día nací a la fe.[23] La ternura con que me amaban mis padres era tal, que siempre querían tenerme a su lado. Por esta razón me trajeron consigo a Roma, en el viaje que mi padre se vio obligado a hacer con motivo de una guerra injusta de que se vio amenazado por el orgulloso Diocleciano. Entonces tenía yo trece años. Llegados a la capital del mundo y obtenida audiencia del Emperador, fuimos los tres al palacio. Así que me vio Diocleciano se clavaron en mí sus miradas, y me pareció verle muy preocupado durante el tiempo que empleó mi padre en exponer con vehemencia las razones que le asistían. Luego que dejó de hablar, le respondió el Emperador que se tranquilizase, que desterrase todo temor y no pensase en más que en vivir feliz. "Yo

---

[23] Don Francisco observa aquí que al dar esta etimología al nombre de Filomena en la primera edición de su obra, titubeó dudando si sería la verdadera; pero que un movimiento interior le impelía, a pesar de su repugnancia, no solo a escribirla entonces, sino a repetirla en las otras ediciones. En efecto, parecía más natural tomar las raíces de este nombre en la lengua griega, que hace un sentido diferente, aunque análogo al primero: tal es el de *muy amada* y, en efecto, la Santa lo es muy particularmente.

pondré, añadió, a tu disposición todas las fuerzas del imperio y en cambio me darás tú una sola cosa: la mano de tu hija". Deslumbrado mi padre con un honor en que estaba muy distante de pensar, accedió muy gustoso a la proposición del Emperador, y cuando volvimos a nuestra posada hicieron mi padre y mi madre cuanto estuvo de su parte para que complaciese a ellos y al Emperador.

—¡Cómo! ¿Queréis que por amor a un hombre falte a la promesa que hace dos años hice a JESUCRISTO? Mi virginidad pertenece a JESUCRISTO: no puedo yo disponer de ella.

—Bien, pero entonces eras demasiado niña para contraer semejante empeño.

Y añadió las amenazas más terribles a la orden que me dio de aceptar la oferta de Diocleciano. La gracia de mi Dios me hizo invencible; y mi padre, no habiendo podido tranquilizar a Diocleciano sobre las razones que tenía para creerse libre de la palabra que le diera, se vio obligado a cumplir con la orden de conducirme a su presencia.

Algunos momentos antes tuve que sufrir un nuevo ataque de su furor y de su ternura. Mi madre fue quien, de acuerdo con él, se encargó de vencer mi resolución. Caricias, amenazas, todo se empleó para rendirme. En fin, vi a los dos postrarse a mis pies y con las lágrimas en los ojos decirme: "hija mía, ten piedad de tu padre, de tu madre, de tu patria y de nuestros vasallos". "¡No, no!, les respondí, Dios y la virginidad que le he consagrado, antes que todo, antes que vos, antes que mi patria. ¡Mi reino es el cielo!".

Mis palabras trocaron en despecho la ternura del corazón de mis padres: me conducen a la presencia de Diocleciano, y este hace cuanto está en su mano para ganarme; pero sus promesas fueron tan inútiles como sus seducciones y sus amenazas. Se enfurece entonces terriblemente e, impelido por el demonio, me hizo poner en una de las prisiones de palacio, donde bien pronto me vi cargada de cadenas. El tirano, creyendo que el dolor y la vergüenza debilitarían el valor que me inspiraba mi divino Esposo, venía a verme todos los días; y, después de hacerme desatar para que tomase un poco de pan y agua, que era todo el sustento que me daban, empezaba sus ataques, de los que algunos, sin la gracia de Dios, pudieran haber sido muy funestos a mi virginidad.

Las derrotas que experimentaba en estos asaltos eran para mí el preludio seguro de nuevos suplicios; pero me sostenía la oración, encomendándome sin cesar a mi JESÚS y a su purísima Madre. Ya contaba el día treinta y siete de mi prisión, cuando en medio de una luz celestial vi a María con su Hijo en los brazos. "Hija mía, me dijo, aún pasarás tres días en esta prisión: en cumpliendo los cuarenta saldrás de esta situación penosa".

Una noticia tan feliz me hizo latir el corazón de alegría; pero como la Reina de los Ángeles me añadió en seguida que saldría para sostener, en medio de horrorosos tormentos, un combate más terrible aun que los precedentes, pasé repentinamente del gozo a las más crueles agonías; tales, que creí expirar en medio de ellas. "¡Ánimo, hija mía!, me dijo entonces MARÍA: ¿pues qué ignoras la predilección con que te amo? El nombre que recibiste en el bautismo es la prenda de este amor por la semejanza que tiene con el de mi Hijo y con el mío. Tú te llamas Lumena y tu Esposo se llama Luz, Estrella, Sol; y yo me llamo también Aurora, Estrella, Luna llena y Sol en todo su esplendor. No temas, yo te ayudaré. La naturaleza reclama ahora sus derechos; pero en el momento del combate vendrá la gracia a ayudarte con su fuerza; y tu Ángel, que también lo fue mío, Gabriel, que significa *fuerza*, vendrá a socorrerte: te recomendaré especialmente a sus cuidados, como una hija mía amada sobre todas las demás". Estas palabras de la Reina de las Vírgenes me volvieron el valor. Desapareció la visión, pero dejó la prisión llena de un perfume celestial.

No tardó en verificarse lo que se me anunció; pues desesperando Diocleciano de rendirme, se resolvió a atormentarme públicamente, y el primer suplicio a que me condenó fue el de los azotes. "Pues que no se avergüenza, dijo, de preferir a un Emperador como yo, un malhechor condenado por su nación a una muerte infame; merece que mi justicia la trate como él fue tratado".

Mandó, pues, que, despojándome de mis vestidos, me atasen a una columna, y allí, en presencia de un gran número de grandes de su corte, hizo que me diesen tantos golpes y con tal fuerza que mi cuerpo ensangrentado no presentaba más que una llaga. Advirtió el tirano que desfallecida iba a morir y, entonces, ordenó que me quitasen de su presencia llevándome de nuevo a mi prisión, donde se persuadió, y yo también, que expiraría; pero su esperanza y la mía de reunirme a mi celestial Esposo, salieron fallidas; porque se presentaron dos Ángeles sumamente resplandecientes y, derramando un bálsamo sobre mis llagas, me encontré más vigorosa que lo estaba antes del tormento.

A la mañana siguiente informaron de esto al Emperador: me hace comparecer; y después de considerarme con asombro, intenta persuadirme que soy deudora de este beneficio a Júpiter, a quien él adora. "Vamos, dijo: Júpiter te quiere absolutamente Emperatriz de Roma"; y acompañando a estas palabras seductoras, promesas magníficas y los halagos más cariñosos, se esforzaba a consumar la obra del infierno que había empezado; pero el Espíritu divino, a quien debía mi constancia, me llenó, entonces, de tantas luces que ni Diocleciano ni sus cortesanos pudieron replicar una sola palabra a las pruebas que les di de la verdad y solidez de nuestra fe.

Enfurécese de nuevo y manda que me arrojen al Tíber con un áncora atada al cuello. Ejecútase la orden, y Dios no permite que triunfe el tirano pues, en el momento que me arrojaban al río, vinieron dos Ángeles a socorrerme: cortan la cuerda y el áncora desciende a lo profundo del río, donde permanece hasta hoy, y a mí me transportaron muy dulcemente a presencia de un pueblo innumerable que ocupaba las orillas del río. Este prodigio tuvo muy felices efectos, porque se convirtió a nuestra fe un gran número de espectadores; pero Diocleciano, atribuyéndolo a algún secreto mágico, hizo que me arrastrasen por las calles de Roma y que después disparasen contra mí una nube de flechas.

Cumpliose esta orden: me encontraba erizada de ellas y mi sangre corría por todas partes hasta desfallecer y quedarme moribunda: entonces mandó que me llevasen de nuevo a mi calabozo. El Cielo me favoreció con una nueva gracia: me quedé dulcemente dormida y al dispertar me encontré perfectamente curada.

Sábelo Diocleciano: "¡Y bien, exclama dementado de rabia, que la atraviesen segunda vez con dardos agudos y que muera en este tormento!". Prepáranse a obedecerle. Los flecheros arman sus arcos, reúnen fuerzas; pero los dardos no se prestan a su intento. El Emperador, que presenciaba este espectáculo, se desespera de furor: me llama *mágica* y, creyendo que el fuego destruiría lo que él llamaba *encantamiento*, manda que hagan ascua los hierros de los dardos y que, así encendidos, los dirijan contra mí. Lo hicieron, en efecto; pero los dardos, después de haber andado una parte del espacio que había hasta llegar a mí, tomaban de repente una dirección contraria y herían a los que los disparaban. Seis flecheros murieron con estos dardos: otros muchos de ellos renunciaron al paganismo y el pueblo empezó a dar un testimonio público al Dios que me había protegido.

Estos ruidos y aclamaciones hicieron temer al tirano algún resultado funesto y ordenó a toda prisa que acabasen con mi vida cortándome la cabeza. Así voló mi alma a mi celestial Esposo quien, junto con la corona de la virginidad y las palmas del martirio, me dio un lugar distinguido entre los escogidos, a quienes hace felices con su divina presencia. El día de mi entrada en el Cielo, tan feliz para mí, fue un viernes a las tres de la tarde». (La misma en que expiró su divino Maestro).

Tal es la historia del Martirio de SANTA FILOMENA según esta revelación. Nada ve aquí el lector que no sea piadoso, santo, edificante; y también ve pruebas nada sospechosas de la verdad que contienen. Tal vez se dirá a sí mismo, al considerar los numerosos y brillantes prodigios que han hecho su nombre tan célebre en el mundo, que sería conveniente manifestase el Señor sus méritos, a lo menos en parte: los fieles quedarían por este medio más edificados y la gloria de Dios, como igualmente la virtud que honra en SANTA FILOMENA, recogerían con más abundancia los frutos de que siempre han sido aquellos la semilla. Pues ya que no plugo a la divina Sabiduría dejar en los monumentos de la historia rastro ninguno de tanta generosidad y heroísmo, ¿qué otro medio queda sino el de la revelación para que tenga noticia de todo nuestro siglo? ¡Nuestro siglo!... ¡Cuántas ideas suscita esta palabra!

Este es el siglo del orgullo, el siglo de la incredulidad, el siglo en que todo se quiere someter a las falsas luces de una razón extraviada, hasta los pensamientos y conducta del mismo Dios. Para este siglo la sabiduría divina y esta providencia tan admirable en sus combinaciones, no es más que una locura, una necedad: ridiculiza la sencillez ilustrada; trata de superstición y de fábula todo lo que tiene relación con el orden sobrenatural: se burla de la creencia, desprecia la santidad y aborrece con odio implacable a los que están encargados por Dios de instruirle.

Entre tanto, no deja de resplandecer la luz destinada a iluminarle. Si estos ingratos no quieren aprovecharse de ella, que cierren los ojos, dueños son de ello; aunque, a decir verdad, si los abriesen para fijarlos en las obras de Dios, no podrían menos de avergonzarse al ver lo que hace su poder divino y de qué instrumentos se vale para manifestarlo. ¡Una mujer! ¡Una Virgen desconocida! ¡Prodigios de toda especie obrados por su intercesión y obrados en favor de aquellos mismos a quienes ellos persiguen y desprecian;

obrados en el seno de la Iglesia Romana, cuyas prácticas hacen más recomendables, más frecuentados sus Sacramentos, más respetados sus ministros y su nombre y su fe y su doctrina, más caros a los corazones de sus hijos! ¡Qué humillación para este siglo! ¿Es este ciego el fruto de tus obscuras y eternas maniobras?, ¿el de tus infames escritos multiplicados como las arenas del mar?, ¿y el de los enormes sacrificios pecuniarios que te cuesta tu celo por propagar la impiedad?

¡Oh! Me parece ver a Goliat que, herido en la frente con un guijarro, rueda expirando hasta los pies de David para que acabe con él cortándole la cabeza; o más bien al orgulloso Holofernes, degollado en su embriaguez por la mano débil de una mujer; y mientras que Nabucodonosor, imagen de satanás, como lo es Holofernes y su ejército de la vil turba que satanás dirige, tiembla pávido en su trono al saber la derrota que ha sufrido su ejército invencible; los fieles, entre tanto, figurados en los Judíos de Betulia, hacen resonar el Cielo con gritos de victoria y acción de gracias, bendiciendo a porfía a la nueva Judit, cuyo brazo poderoso los ha salvado. No, no podía Dios haber sacado de los tesoros de su infinita misericordia un medio más a propósito para hacer triunfar su propia causa, y confundir el orgullo de este siglo.

— — —

CAPÍTULO III
Traslación del Cuerpo de
Santa Filomena
a Mugnano[24]

— — —

Ya hemos dicho que el Cuerpo de nuestra Santa quedó en su obscuro sepulcro de Roma hasta el año de 1805. Veamos cómo la divina Providencia lo sacó glorioso de él.

Don Francisco de Lucía, celoso y santo Misionero italiano, vino de Nápoles a Roma con Don Bartolomé de Césare, nombrado por la Santa Sede para el obispado de Potenza. Deseaba vivamente lograr un cuerpo santo, de nombre propio, para colocarlo en su oratorio privado; y, favorecido por el mencionado Obispo en las diligencias que se practicaron para ello, lo introdujeron, a poco de haber llegado a Roma, en la sala donde estaban estos depósitos preciosos para que él mismo escogiese a su gusto. Cuando, pasando de uno a otro, estuvo en frente de los huesos de la Santa Mártir, experimentó, como él mismo lo refiere, un gozo repentino y tan extraordinario que, saliéndole a la cara, llamó la atención de Monseñor Ponzeti, Custodio de las santas reliquias. Todos sus deseos pues, se fijaron irresistiblemente en estos huesos sagrados que prefería a todos los demás, aunque sin poder explicar la causa. No se atrevía, sin embargo, a manifestar su elección, temeroso de alguna negativa, cuando vinieron a decirle de parte del Custodio que habiendo advertido su predilección por SANTA FILOMENA convenía muy gustoso en que se la llevase, y añadiendo estas notables palabras: «Monseñor está persuadido de que la Santa quiere ir a vuestra patria, donde obrará grandes milagros».

---

[24] En este capítulo hablaremos de nuevos milagros que referiremos con la confianza que inspiran los testigos que viven aún y que forman nada menos que un gran pueblo, cuya voz en este caso no puede ser otra que la voz de Dios.

Esta noticia llenó de consuelo el alma del respetable Misionero y ya solo se ocupaba de los medios de trasladar el santo Cuerpo. Debieron entregárselo en el mismo día; pero pasó este día y otros dos más sin cumplirse la promesa, y Don Francisco empezó a temer si habría sobrevenido algún inconveniente que impediría al Custodio cumplirle la palabra. En efecto, era cosa extraordinaria dar a un particular un Cuerpo entero de Santo y, sobre todo, de nombre conocido; porque siendo pocos los que se lograban de esta clase, se reservaban para los Obispos o para las Iglesias. Don Francisco, pues, se encontró con recado de Monseñor Ponzeti haciéndole ver que no podía complacerle y remitiéndole al mismo tiempo una lista de otros doce cuerpos para que escogiese el que más le agradase.

Don Francisco se vio entonces en grande embarazo, ya porque tenía hechos los preparativos para la Santa, ya por las cartas que había escrito a Nápoles y a Mugnano, y ya por otras dificultades que nacieron naturalmente de la perplejidad en que se encontró cuando hubo de elegir dejando a SANTA FILOMENA... ¡Oh providencia amable de mi Dios, cuán admirable eres en los secretos de tus caminos!... Estas dificultades y otras que sobrevinieron solo debían servir para hacer conocer más claramente la voluntad divina con respecto al destino de este santo Cuerpo y hacerlo más glorioso; pues, cuando menos lo pensaba nuestro Misionero, se vio depositario y después dueño de las santas Reliquias.

Solo restaba una cosa, que era trasportarlas del modo correspondiente, a cuyo fin acordaron el señor Obispo de Potenza y Don Francisco que las cajas en que estaban repartidos los santos huesos se colocasen en el lugar más decoroso del coche para que su presencia excitase más vivamente su devoción y sirviese de alimento al culto que se proponían darles durante el viaje. Parten, en fin; pero la preocupación en que se encontraron uno y otro en el momento de la salida no les permitió pensar más en su plan y los criados que acomodaron el equipaje colocaron las santas reliquias en el cajón que correspondía al asiento que ocupó Monseñor de Potenza. No iban muy distantes de Roma, cuando el señor Obispo sintió que le dieron un fuerte golpe en las piernas, que como ya padeciese de ellas, el dolor fue muy vivo. Se levanta sobresaltado y, preocupado de su dolor, empezó a quejarse del conductor que, por haber colocado mal las cajas, «me tropiezan, dijo, en las piernas».

—¿Cómo puede ser esto?, replicó el conductor. Señor, eso es imposible. Repare Monseñor que las cajas están cerradas en el cajón sobre que está sentado y por consiguiente no pueden incomodarle.

En seguida saltó de su asiento, hizo alzar al paciente, levantó la tapa del cajón y le hizo ver la disposición en que estaban las cajas, cuya vista sola bastó para convencerle de su inmovilidad.

Continúan la marcha y a poco el señor Obispo siente nuevos golpes, que le causaron dolores más vehementes y le hicieron prorrumpir en nuevas quejas. Manda, pues, que se saquen las cajas, porque insistía en que ellas le pegaban los golpes. Iban a obedecerle cuando, reflexionando que sus piernas separadas del cajón no podían recibir daño alguno por los objetos contenidos en él, lo deja en tal estado y vuelve a sentarse.

Entonces se repitieron los golpes por tercera vez causando dolores más agudos, lo que obligó al Prelado a hacer sacar las cajas y exclamar: «¡si yo las llevara en mis brazos como debía, no me sucedería esto!». Colócanlas en la delantera del coche, y desde este momento cesó el prodigio.

Ni el Prelado, ni su compañero de viaje, ni alguno de la comitiva cayeron en la cuenta, antes bien estos últimos se entretenían a costa del señor Obispo, pareciéndoles sus quejas bien poco fundadas; mas, cuando reflexionaron sobre las varias circunstancias de este singular acaecimiento, y sobre todo cuando se acordaron de la promesa que hicieron a la Santa la víspera de la partida, no pudieron menos de ver el dedo de Dios en este suceso y el justo castigo de su infidelidad, aunque irreflexiva. Humilláronse pues, y el Obispo, con la cabeza descubierta y derramando lágrimas, pidió repetidas veces perdón a la Santa, besando sus Reliquias con la mayor devoción y respeto.

No hablaré de un grande peligro que corrieron nuestros viajeros en el que faltó poco para que pereciesen pasando de Sesa a Capua. Creyéronse milagrosamente conservados por las oraciones de SANTA FILOMENA y será preciso creer a tan buenos testigos. Pero ya tardamos en llegar a Nápoles, donde se hicieron los preparativos para la segunda traslación.

El dichoso Abinadab, escogido por la Providencia para hospedar en su casa el arca santa que contenía los huesos de la Virgen Mártir, fue Don Antonio Terrés quien, como luego veremos, tuvo no pequeña parte en las bendiciones que poco después empezó Dios a derramar sobre los devotos de SANTA FILOMENA.

Colocada en el Oratorio de la casa, se procedió a la apertura de las cajas y después, con las ceremonias propias de estos casos, se colocaron los huesos cada uno en su propio lugar y formado el esqueleto se le revistió con un cuerpo de mujer hecho de pasta de papel. Los vestidos con que la adornaron, aunque no eran ricos, tenían en su sencillez cierta noble elegancia; pero, como hizo observar muy bien Don Francisco, esta elegancia no bastaba ni aun para disimular las graves faltas que por poca habilidad del artífice se veían en el rostro y en toda la actitud del cuerpo de la Santa; bien que así debería ser para que más tarde se comprendiesen mejor los prodigios de que este mismo cuerpo había de ser, digámoslo así, el teatro

Concluido todo y colocada la Virgen Mártir en la urna que se le preparó, se cerró con gran cuidado y la Autoridad eclesiástica puso en ella sus sellos. Desde entonces empezó el culto público de la Santa; porque, vista la multitud de fieles que acudían de todas partes a venerar a la Santa y la poca capacidad del Oratorio, se la trasladó a una Iglesia de Nápoles, donde por espacio de tres días estuvo expuesta sobre el altar de nuestra Señora de las Gracias... ¡Nuestra Señora de las Gracias!... ¡Nueva prueba de lo que dice San Bernardo, que Dios nos comunica sus dones por las manos de su Madre, y feliz presagio de los beneficios que María iba a derramar en el mundo por la intercesión de SANTA FILOMENA!

El concurso era grande, el fervor no era menor y, sin embargo, con admiración de los fieles que aguardaban algún milagro, se pasaron los tres días sin acaecimiento notable, dando ocasión a que se preguntasen unos a otros de dónde podría provenir este silencio del Cielo y la inacción de la nueva Santa. No tardó en saberse; pues cuando empezó a manifestarse el poder de Dios, no en la Iglesia, sino en el Oratorio de la familia Terrés, donde volvió a ser trasladada, dijeron públicamente el Cura, Clero y feligreses del Santo Ángel que si la Santa hubiere hecho un solo milagro en la Iglesia, se habían convenido en no permitir saliese más de ella. Así que fue un verdadero milagro el que no hiciese ninguno y al mismo tiempo una señal clara de la voluntad de Dios, que quería hacer este regalo a la mediana Villa de Mugnano, con preferencia a la opulenta y populosa Ciudad de Nápoles.

El lector se admirará menos de lo que acabo de decir, viendo que empezaron los prodigios en el instante mismo que el santo Cuerpo fue trasladado al Oratorio, porque la familia hospitalaria Terrés consiguió la cura milagrosa de Doña Ángela Rosa, mujer de Don Antonio. Hacía doce años que padecía de una enfermedad incurable y por la intercesión de la Santa se vio completamente curada. En reconocimiento le ofreció un rico cáliz.

El segundo milagro se verificó en D. Miguel Ulpicella, de profesión abogado. Hacía seis meses que estaba postrado en la cama de un dolor de ciática que había resistido a todos los remedios: hízose trasladar al Oratorio, y salió de él perfectamente bueno.

Una señora de distinción fue objeto del tercero. Se le hizo en la mano una úlcera, en que bien pronto apareció la gangrena, de manera que hacía necesaria la amputación: acordada la operación para el día inmediato, llevaron a la paciente una reliquia de SANTA FILOMENA: púsosela por la noche sobre la llaga y cuando a la mañana vino el cirujano para hacer la amputación, encontró que había desaparecido la gangrena.

Así preludiaba nuestra TAUMATURGA, a quien vamos a seguir ahora hasta Mugnano, recogiendo las particularidades más interesantes de esta segunda traslación.

Habían venido a Nápoles dos hombres robustos para conducir el sagrado depósito y, manifestando que sus compatriotas esperaban con impaciencia la llegada del tesoro con que el Cielo quería enriquecerlos, se trató de darles gusto. D. Francisco, para consolar a la buena Señora Terrés y recompensar en algún modo su hospitalidad, la hizo depositaria de las llaves de la urna y, acompañada de los sentimientos y lágrimas de aquella piadosa familia, partió para Mugnano, donde el Señor, por una gracia señalada, acababa de preparar todos los corazones a recibir a SANTA FILOMENA como una poderosa Medianera para con Él.

Hacía muchos meses que no había llovido en el país y, cuando a la mitad del día precedente a la llegada de la Santa oyó el pueblo el ruido alegre de las campanas de todas las Iglesias, decían saltando da gozo y de esperanza: «¡Oh! Si esta nueva Santa quisiese aumentar la veneración y amor que ya sentimos hacia ella, tiene un medio muy fácil y seguro enviándonos una lluvia abundante que nos riegue los campos». Aún no habían callado las campanas, cuando vino sobre el territorio de Mugnano la lluvia tan deseada y la admiración y el gozo sobre los corazones de aquellas buenas gentes a quienes, en los transportes de su alegría, solo se les oía: «¡Viva Dios! ¡Viva la Santa!».

El santo Cuerpo avanzaba, pero no sin algunos obstáculos. La víspera de la salida de Nápoles enfermó uno de los conductores y, esforzándose a seguir el camino, marchaba detrás de los otros, pero sin poderles ayudar. D. Francisco, viéndole en esta disposición le dijo: «¡ánimo, amigo mío!, arrima el hombro a la carga hasta donde alcancen tus fuerzas y confía en la Santa, que ella te curará». El buen paisano obedeció y el dolor y la debilidad desaparecieron sobre la marcha: recobra sus fuerzas y rebosando de religiosa alegría repetía a cada momento: «¡Oh, qué ligera es la Santa: no pesa más que una pluma!». D. Francisco tuvo también la devoción de llevarla un rato y no pudo menos de tener por prodigiosa la levedad de la carga.

Entre tanto, el cielo se iba oscureciendo por instantes y amenazaba con un diluvio de agua a nuestros pobres viajeros que no podían contar con otro abrigo que la protección de la Santa. Salieron de Nápoles por la tarde y, contando con la claridad de la luna, no se habían provisto de luces para un caso de necesidad. Dios lo permitió así para mayor gloria de su Sierva; pues mientras la piadosa comitiva la invoca con fervor, aparece de repente una hermosa columna de luz que haciendo base de la urna se prolongaba casi perpendicularmente hasta perderse en el cielo: así estuvo todo el tiempo que fue menester hasta que, haciéndose lugar la luna, se dejó ver sobre la parte superior de la columna con un cierto número de estrellas que todo junto formaba un bellísimo capitel.

El gozo que causó esta maravilla se turbó un poco por la mudanza repentina que se observó en el peso de la Santa, antes tan ligera. Hallábanse cerca de Cimitela, antiguo arrabal de Nola y famoso por el martirio de San Genaro y compañeros. Los conductores del santo Cuerpo empezaron a lamentarse del peso que llevaban, tal que los hacia gemir. Cuanto más se acercaban al arrabal, más insoportable se hacia la carga, de modo que tenían que pararse a cada instante. D. Francisco procuraba animarlos con sus exhortaciones: ellos renovaron sus esfuerzos; mas, cuando estuvieron en medio de Cimitela, se confesaron vencidos, protestando que no podían pasar adelante: dejaron la carga y, para que nadie pensase que se quejaban sin razón, mostraron sus hombros magullados y contusos. «¿Y qué hacemos ahora?». El celoso Misionero se hallaba en grande embarazo: contaron las doce: «¿dónde buscamos a estas horas el socorro que necesitamos?». Aguardar a que venga el día es trastornar el plan y desconcertar la fiesta: era necesario poner la confianza en Dios y avanzar lo más posible. Al fin aparecen algunos habitantes de Mugnano, reúnen sus fuerzas con los conductores, dan algunos pasos y se paran: son inútiles tantos esfuerzos... Cesa el peso de repente y a las quejas suceden mil gritos de alegría: «¡Milagro! ¡Milagro!». La urna ha vuelto a su primera ligereza: y olvidando su fatiga aquellos buenos paisanos se pusieron a correr y a gritar: «¡Viva Dios! ¡Viva la Santa! ¡No pesa más que una pluma!».

Ya la aurora iluminaba el horizonte y los habitantes de Mugnano iban llegando en pequeños grupos. El eco repetía sus cánticos piadosos y una multitud de niños con ramos de oliva en las manos danzaban en derredor de la urna, tirando sus sombreritos y pañuelos al aire y gritando: «¡Viva la Santa!». Así empezaba el día de triunfo. No eran solos los habitantes de Mugnano, porque todos los pueblos de la comarca acudían a ver a la Santa, haciéndose, en breve, tan numerosa la concurrencia que fue preciso detenerse y descubrirla para satisfacer su religiosa curiosidad. Hízose esto en una casa de campo próxima que tenía un gran patio; pero en el momento mismo en que Don Francisco descubre el santo Cuerpo y que el pueblo enajenado de admiración exclama al ver las preciosas reliquias: «¡cielos!, ¡qué hermosa es!..., ¡es una belleza del Paraíso!»; en este mismo instante se forma un horrible huracán: cae con ímpetu sobre el patio en que estaba amontonada la multitud y, en medio del terror que causa y de los gritos de «¡Señor! ¡Señor, misericordia! ¡SANTA FILOMENA, tened piedad de nosotros!», se dirige a la urna y amenaza derribarla. Pero bien pronto sucede el consuelo al miedo: el huracán se vio rechazado por una mano invisible y marchó a desahogar su rabia en una montaña próxima, donde hizo estragos en los árboles...

¿Sería el demonio que en un cielo sereno formó de repente este huracán para destruir, si le hubiera sido posible, el edificio de gloria que Dios preparaba a SANTA FILOMENA? Don Francisco así se lo dijo a aquel buen pueblo y nosotros lo creemos con él. Sea lo que quiera, este accidente extraordinario añadió un nuevo esplendor a la pompa de este hermoso día.

La procesión continuó después su marcha en medio de una multitud de gentes que se aumentaba por momentos; y, llegada a Mugnano, se dirigió a la Iglesia de Nuestra Señora de las Gracias, en cuyo altar mayor se puso el santo Cuerpo.

La gran fiesta debía verificarse al día siguiente, 11 de agosto. Era domingo y, así, acudió gran muchedumbre de gentes de toda edad y sexo, de que la Iglesia no se veía desocupada, no obstante que la entrada y salida eran continuas. Venían a ver la nueva Santa, cuyo nombre, esperaban, haría el Señor glorioso con algún milagro. Se oía a aquellos buenos aldeanos preguntarse unos a otros con la sencillez de su fe, «¿cuándo empieza a hacer milagros nuestra Santa?».

Ya les había respondido el Cielo; porque en la misma noche de la entrada de SANTA FILOMENA, uno de ellos, llamado Ángel Bianco, postrado hacía muchos meses en la cama por una gota cruel que padecía, sabiendo la llegada del santo Cuerpo, hizo voto de acompañarle en la procesión si le libraba de sus dolores: pareció al principio que su oración no había sido oída, porque nunca sufrió dolores más agudos que en los momentos siguientes. Pero, apenas oye tocar las campanas, se lanza de la cama lleno de fe: el mal resistía; mas, aunque con trabajo, pudo vestirse; aumenta la confianza; y luchando con los dolores sale de casa: llega a la plaza y el mal desaparece con asombro de todos los que habían sido testigos de sus largos y penosos sufrimientos. Esta cura milagrosa no bastó para satisfacer la piadosa impaciencia que tenían aquellas buenas gentes de ver glorificada a su Santa. Parecía que estos deseos procedían del Cielo, porque no tardó en cumplírselos excediendo su esperanza.

El día de la octava de la Traslación, durante la Misa mayor y en presencia de todas las gentes que llenaban la Iglesia, se vio, de repente, que un niño de unos diez años se levanta en medio del templo y, atravesando, se acerca a la urna a dar gracias a su Bienhechora. Verlo y sentirse en la Iglesia la voz general de *milagro* fue una misma cosa. En especial su madre, pobre viuda que lo había traído en sus brazos y que, mientras la Misa, hasta el momento de la elevación en que se obró el prodigio, no había cesado de rogar a la Santa con fervor, levantaba su voz sobre todas las que glorificaban a Dios y a SANTA FILOMENA. Estaba el niño tan estropeado que no podía andar ni mantenerse derecho: todo el pueblo lo sabía y todo el pueblo lo vio, acabada la Misa, correr las calles y plazas anunciando la maravilla de que había sido objeto y la que todos testificaron, ya rodeándole para felicitarle, ya haciendo resonar el aire con aclamaciones de júbilo.

El milagro obrado mientras se celebraba la Misa atrajo tal multitud de gentes por la tarde que, no cabiendo en la Iglesia, se quedaron muchas fuera. Entre estas se hallaba una mujer del lugar de Avella con una niña de dos años en sus brazos que quedó ciega de resultas de las viruelas. Había consultado esta mujer a los médicos más célebres de la Capital y todos juzgaron el mal incurable; pero, sabiendo esta madre afligida que las cosas imposibles a los hombres son posibles para Dios, no desesperó de la cura de su hija. Corre a Mugnano y, aunque le estaba cerrado el paso, como acabamos de decir, a fuerza de importunidad consigue abrirlo; llega cerca de la urna, toma, llena de fe, del aceite de la lámpara de la Santa, unta los párpados de su hija y la incurable abrió de repente sus hermosos y festivos ojos. Nuevos gritos y nuevo tumulto en la Iglesia, hijos de reconocimiento: las gentes que estaban fuera hacían eco a las de dentro: el predicador Don Antonio Vetrano (porque todo esto sucedió mientras el sermón) no podía conseguir que lo escuchasen: todos pedían a gritos que mostrasen la niña y, entonces, tomándola un sacerdote y elevándose a la altura de la barandilla del altar mayor, la presentó al pueblo, que ensalzó hasta el Cielo el poder de Dios y la gloria de su sierva. En los días siguientes se obraron una multitud de prodigios, de los que referiremos algunos más adelante. Ahora diremos dos palabras sobre la erección de la Capilla de la Santa.

No era la intención de Don Francisco dejar a nuestra TAUMATURGA en la Iglesia de nuestra Señora de las Gracias porque, como hemos dicho, la destinaba para su Oratorio; pero tantas maravillas lo hicieron comprender que no era esta la voluntad del Altísimo. Se resolvió pues a hacer el sacrificio que la divina Providencia exigía de él, y empezó a ocuparse de la erección de un altar en la Iglesia, donde la Santa pudiese recibir los homenajes de sus devotos. No se tardó mucho en levantar este altar en una de las capillas de la Iglesia; pero contrastaba demasiado su sencillez con la celebridad de la Virgen Mártir y con la grandeza de los milagros con que el Señor la honraba. No es mi ánimo culpar a los buenos vecinos de Mugnano, porque eran pobres, así como la mayor parte de los favorecidos por la Santa. Sus limosnas, considerables atendidas sus facultades, apenas bastaban, en especial durante las turbaciones de la Italia, para sostener el culto de la Santa. Así que sus deseos de ver hermoseado su santuario no podían pasar de este punto. Dios los escuchó, y a este fin se sirvió de uno de aquellos acaecimientos que los hombres juzgan ordinarios; pero que en los designios de Dios se dirigen a manifestar su gloria y el crédito que sus Santos tienen con él.

Un célebre abogado de Nápoles, llamado Don Alejandro Serio, era muy devoto de SANTA FILOMENA, e igualmente, su mujer. Como tenían ricas posesiones en Mugnano, vinieron el año de 1814 con ocasión de la fiesta de la Traslación, que se celebraba anualmente. Don Alejandro padecía de años atrás una enfermedad interna que le iba consumiendo. Su mujer, aunque vivamente afligida, esperaba, sin embargo, el remedio de SANTA FILOMENA, a quien al intento dirigía y hacía dirigir fervorosas oraciones. Ya concluía el día de la fiesta, en el que la piadosa señora redobló sus instancias: y al punto de darse la bendición con el SANTÍSIMO SACRAMENTO, Don Alejandro, que se hallaba en la iglesia con su mujer, sintió unos dolores de entrañas tan violentos, que creyó llegada su hora. A toda prisa lo trasladaron a su casa, y el mal hizo en pocas horas tales progresos, que se desesperó de su vida. Su estado no le permitía ni aun confesarse, y su pobre esposa, traspasada de dolor no pudo menos de exclamar: «¡es esta, Santa mía, la gracia que me habéis conseguido!...».

En este estado, toma, por inspiración de su fe, una estampa de la Santa que tenía a mano: la pone sobre el cuerpo de su moribundo esposo y suplica que, a lo menos, no muera sin sacramentos. A esta oración acompaña un voto, comprometiéndose en nombre de su marido a reemplazar el altar de su capilla con otro de mármol. En el mismo instante recobró el paciente el uso de los sentidos y facultades intelectuales: protesta que está fuera de peligro: se confiesa con mucha edificación y, acabada la confesión se encuentra sin dolores y sin los síntomas ordinarios que de antiguo lo atormentaban. Hecha la gracia, se cumplió la promesa, excediéndose los dos esposos de lo prometido. Desde entonces, el santuario, tan célebre hoy, de la Gran Santa ofrece a la devoción de la multitud de peregrinos un espectáculo más satisfactorio.

Una cosa especialmente llama la atención de todos: esta es la gran piedra de mármol que cubre el altar, que es de una pieza, y en la que se ven los vestigios de un milagro. El arquitecto pasaba el cincel por cima de ella cuando se la colocaba y, sin otra diligencia, se abrió la piedra por casi toda su anchura. Había presentes muchas personas, y se puede discurrir el sentimiento y la confusión que causó por una y otra parte. El arquitecto era muy hábil en su oficio y, sin poder evitar la humillación, se ocupaba de los medios de reparar el daño. Por la parte más abierta cabía un dedo y trató de reunir los dos labios por medio de una abrazadera de hierro y, hecho esto, llenar el hueco con cimento por toda la extensión de la hendidura. Esto hacía, cuando se vio *el dedo de la Santa* acompañando al del maestro y restableciendo la piedra a su estado primitivo, desapareciendo la hendidura tan visible hasta entonces. Para señal del milagro, ha quedado una línea oscura, que los peregrinos tomarían por una vena del mármol si no se les refiriese el prodigio. Concluyamos este capítulo repitiendo otra vez: *¡Cuán admirable eres, buen Dios, en tus Santos!... ¡A ti sea la gloria por las maravillas que tu mano se digna hacer para honrarlos!*

— — — —

CAPÍTULO IV

Diversos milagros obrados por la intercesión de

Santa Filomena

— — —

Empezaré este capítulo por un pasaje de San Bernardo. He aquí cómo se explica, hablando de la Jerusalén celestial y de los Santos que la habitan.[25] *Esta bienaventurada patria no disminuye la caridad, antes la aumenta. Los Santos ciertamente se han hecho impasibles, pero no desapiadados: colocados en la fuente de las misericordias, sus entrañas son por lo mismo más propensas a la conmiseración. Por consiguiente, si durante su vida mortal los obligaba este sentimiento a obrar tantos prodigios en favor de sus hermanos; si por ellos usaban en nombre de JESUCRISTO del imperio que habían recibido de él sobre la vida y sobre la muerte, ¿con cuánta más razón lo harán hoy, que se ha aumentado su valimiento sobre cuanto podemos ponderar: hoy que están con Dios y en la unidad de su gloria?*

No hay que admirarse, pues, de que los Santos hagan milagros. Los solicitan en el Cielo, y los obtienen por sus oraciones y por sus méritos: los hacen en la tierra en favor de los que los invocan y, particularmente, donde descansan sus despojos mortales o donde se tiene a sus imágenes una veneración particular. La historia de todos los siglos es prueba de esto. El que por preocupación, por no decir otra cosa, no quiera creerlo, entienda que esta preocupación es efecto o de su mala fe o de su grosera ignorancia.

¡Qué!, exclama San Juan Damasceno:[26] *¿habrá quien se atreva a decir que los Santos, o más bien, el Dios de los Santos, no sabe o no quiere honrar sus reliquias? ¡Eh! ¿Por qué se habrá de negar que JESUCRISTO nos ha dejado en ellas fuentes saludables de beneficios de toda especie? Si un peñasco duro y seco, si la quijada de un animal estúpido, pudieron suministrar aguas en abundancia a los siervos de*

---

[25] In Vigilia Petri et Pauli (Serm. I. et II).
[26] Lib. IV. Ortod. Fidei, cap. 17.

Dios, ¿cómo se negarán a creer que salga un aceite oloroso del cuerpo de un mártir? No se admiran de esto los que conocen el poder de Dios y que el amor grande que tiene a sus Santos lo impele a honrarlos. Es verdad que en la ley antigua contraía impureza legal el que tocaba un muerto; pero ¿deberemos contar entre los muertos a los que viven íntimamente unidos con el Autor de la vida? ¿Con qué cara se pondrá nadie a afirmar que están muertos aquellos cuyos huesos expelen los demonios, curan las enfermedades, vuelven la vista a los ciegos, la pureza a los leprosos, la calma y el gozo a las almas combatidas de tentaciones o asediadas por la tristeza?; ¿aquellos que, para decirlo de una vez, son el canal de que se sirve el Padre de las luces, para comunicar todo don perfecto a los que lo honran con la plenitud y sencillez de su fe?...

Si pues tan sensiblemente tocamos sus obras sobre la tierra, creamos que viven en los Cielos: creamos que gustan de verse honrados en cuantos objetos puedan hacernos acordar de ellos, principalmente en los restos sagrados, a los que en el día grande de la resurrección el alma hará participantes de su gloria. Concluyamos con San Juan Crisóstomo.[27] *Id,* dice, *id y visitad las tumbas de los Santos: adornadlas con vuestras ofrendas: tocad sus reliquias con gran fe; vendrá sobre vosotros la bendición del Cielo y vuestros tesoros se llenarán de riquezas.* Qui habet aures audiendi, audiat.

Ahora daremos nuevas pruebas de esto en los milagros de SANTA FILOMENA. Son demasiado numerosos para ponerlos todos aquí; pero diré lo que baste para hacer admirar la bondad y el poder de Dios, para inspirar una tierna devoción a nuestra TAUMATURGA, para reanimar la fe lánguida e inspirar mayor aprecio a la santidad, sus fuentes y sus prácticas.

— — — —

[27] Serm. in Juvent. et Maximum.

Primera Serie de Milagros
Prodigios obrados en el Cuerpo de

Santa Filomena

— — —

El lector se acordará de lo disgustado que quedó D. Francisco al ver los defectos con que salió el cuerpo de nuestra Santa de las manos poco diestras del artista. La actitud que le dio no era decente y el color de la cara, de una blancura repugnante que, junto a la mala disposición de los dientes, resultaba un semblante bien poco agradable. La urna, asimismo, era de cortas dimensiones; mas, como las cosas estaban arregladas ya para la traslación, hubo que pasar por todo y contentarse con suplir estos defectos con la elegancia del vestido. Este se componía de una túnica blanca de seda, símbolo de la virginidad, y encima un manto a la griega de color encarnado, emblema bien usado para significar el martirio. En la cabeza, cuya cabellera era de seda de color de castaña, tenía una graciosa guirnalda: en la mano diestra una flecha, y en la siniestra una palma y una azucena; y todo el cuerpo, por la disposición en que se le puso, solo ocupaba cinco palmos. Me detengo en estos pormenores para que se comprenda mejor lo que voy a decir.

Cuando se trató en 1814 de hermosear la Capilla de SANTA FILOMENA, se pensó igualmente en hacer otra urna. Los naturales de Mugnano y los de los pueblos de la comarca que visitaban con frecuencia el Santuario milagroso vieron constantemente en una misma postura el cuerpo de la Santa, al cual, por otra parte, era imposible tocar, atendido que los sellos estaban colocados con mucho esmero y que las llaves no habían salido nunca de las manos de la familia Terrés.

En medio de esto, una mañana que se descubrió el milagroso Cuerpo con ocasión de unos forasteros que lo suplicaron, se encontró mudada enteramente la situación de la Santa: la cosa parecía imposible, mas, por otra parte, también lo era recusar los testigos: ellos habían visto infinitas veces este Cuerpo echado, elevadas las rodillas y formando por consiguiente un ángulo; y ahora ven que extendidas estas, descansaban con mucha decencia sobre el colchoncito, al paso que, levantándose lo demás del cuerpo, presentaba la imagen de una persona sentada: la una de las almohadas sobre que descansaba la cabeza tampoco estaba en su lugar; subió perpendicularmente arrimada a la testera de la urna y sobre ella recostaba la Santa su cuerpo y cabeza con mucha dulzura y gracia: se puso además algo ladeada, a cuyo fin, saliendo un poco de su lugar la otra almohada, proporcionaba un apoyo suave al brazo y costado derecho. La flecha, cuya punta miraba directamente al corazón, estaba en dirección inversa: la misma alteración había en la palma y azucena de la mano izquierda, habiéndose elevado el brazo en proporción al cuerpo.

Esta nueva postura desprendió una parte del manto de púrpura y, presentando más objeto, resultaba el todo de la Santa sumamente gracioso; mas, para que nada faltase a esta reunión de prodigios, desaparecieron también los defectos del rostro. La barba tomó una forma más redonda, presentando la de una joven cuando duerme. Los labios cuya abertura muy mal dirigida, hacían el rostro deforme, se entreabrían ahora con una gracia maravillosa que, junta a la amabilidad de la fisonomía y a los bellísimos colores de las mejillas, ofrecían un objeto que embelesaba. La cabellera, que antes se ocultaba en parte, ya detrás del cuello, ya del otro lado del hombro izquierdo, ahora se veía toda y ondeando acá y allá con inimitable elegancia.

Luego que se extendió por Mugnano el rumor de estas maravillas, acudieron todos para cerciorarse de ellas por sí mismos y no hubo uno, ni aun entre los descreídos, que no se convenciese de la realidad del hecho, bien que se esforzaron estos a eludir el prodigio, atribuyéndolo a los hombres; pero de esta dificultad se salió luego, mostrándoles íntegros los cuatro sellos del Obispo de Potenza y haciéndoles ver que no había más que una llave y esta estaba en Nápoles en poder de la familia Terrés. Mas, ¿cuándo los ciegos voluntarios han cedido a la evidencia de las pruebas?

Entre tanto, el Cielo confirmó esta metamorfosis prodigiosa con un nuevo y brillante milagro. Llegada la novedad a Nápoles, vinieron muchos personajes de gran mérito a cerciorarse por sí mismos del estado de los sellos y de la cerradura; y a su presencia, cuando se ocupaban de este examen, recobró repentinamente la vista un niño de seis años, a quien las viruelas habían privado de ella.

Dije poco ha que la urna era pequeña y, además, no estaba en armonía con el nuevo y hermoso altar de mármol, por lo que se juzgó preciso hacer una más proporcionada. Sin embargo, se iba difiriendo porque una urna más bella exigía unos vestidos más costosos para la Santa. La falta de medios adormecía un poco el celo, pero no tardó en despertarlo un nuevo prodigio. Se notó, aunque sin hacer mucho caso, que se iban marchitando los colores del vestido; pero bien pronto fue preciso reparar en ello, ya por la baja acelerada que sufrieron los colores, ya porque una mano invisible iba quitando pedazos del vestido, de suerte que el fondo de la caja estaba cubierto de jirones tirados acá y allá como con designio. Visto esto, no se pudo dudar de que Dios, celoso de la gloria exterior del santo Cuerpo, quería que se la vistiese de un modo correspondiente, sin tener cuenta con los gastos.

Inmediatamente se trató de ello con plenísima voluntad. Solo restaba una dificultad. Se observó, al tomar las medidas, que la cabellera de la Santa, perfectamente arreglada hacia la parte derecha de la espalda, dejaba algo descubierta la izquierda por escasez de cabellos. Suplir con cabellos de mujer no parecía conveniente y el tiempo no permitía proporcionarse otros de seda. De este embarazo sacaron los cuidados de la divina Providencia para con el cuerpo de nuestra Santa; cuidados que, si la prudencia humana quisiere llamar minuciosos, la fe los mirará siempre con el más tierno y respetuoso interés. Cuando se descubrió el Cuerpo el día de Pentecostés, aparecieron nuevos, largos y ondeantes cabellos, en la parte donde se notó el vacío: parecían estar recientemente lavados y peinados, y su brillo y bella disposición daban nueva gracia al Cuerpo de la Santa. Fue consiguiente el proclamar el nuevo prodigio, glorificando a Dios los testigos con toda la efusión de su corazón. En seguida se procedió a sacar de la urna antigua este Cuerpo venerable, sobre el que no cesaba el Todopoderoso de multiplicar los más singulares favores.

Vamos adelante. Cuando se pusieron a la Santa los nuevos y ricos vestidos, lo que se verificó antes de colocarla en la nueva urna, que era un palmo más larga que la anterior; todas las personas que venían a verla, decían: nuestra Santa, no solo está más hermosa con estos vestidos, sino que parece más grande. Se creyó que esto podría ser una ilusión de la vista; pero bien pronto vino el desengaño y la necesidad de convenir en otro nuevo milagro, pues al colocarla en la nueva urna, en lugar de entrar en ella con la facilidad y comodidad que era de esperar mediante las bien calculadas dimensiones, se vio que no cabía en ella, y no podía ser esto sin haber tenido el Cuerpo un aumento milagroso.

Lo mismo sucedió otras dos veces más. Fabricose tercera urna, añadiendo un palmo sobre la segunda, y también se encontró insuficiente: los mismos vestidos de la Santa, un poco largos antes y ahora de repente cortos, contestaron el prodigio. Emprendiose la construcción de la cuarta y, como se temía algún nuevo chasco de la amable Providencia, se encargaron unos Sacerdotes hábiles de contraer los miembros figurados de SANTA FILOMENA, dándoles una conformación más sólida. Su precaución fue inútil; pues, a pesar de la mayor aproximación que se dio a los huesos, contrayendo en la misma proporción el cuerpo que los envolvía, y, a pesar también de la mayor longitud de esta cuarta caja, fue preciso convenir en un nuevo y tercer prodigio, pues no se pudo colocar en ella con el desahogo que prometían las medidas tomadas.

Puede figurarse cualquiera cuánto se aumentaría la veneración a este Cuerpo sagrado, mayormente que los testigos mismos eran los predicadores de las maravillas que sin interrupción obraba sobre él la providencia de Dios. Referiremos alguno más.

Su Excma. el Cardenal Arzobispo de Nápoles vino, por la quinta vez y en virtud de un voto, a visitar las Reliquias de SANTA FILOMENA. Descubierta la urna, advirtieron los asistentes que el Cardenal, después de observar algunos momentos con mucha atención, daba muestras de sorpresa. Durante la Misa, que celebró como enajenado, fijaba con frecuencia los ojos en la Santa y concluida, dijo en presencia de Monseñor León Arzobispo de Regio, del Obispo Lombardi y de los Abates de su comitiva estas palabras que oyeron igualmente los circunstantes: «Señores, hace seis meses que la urna fue sellada delante de mí en cuatro partes distintas, como se ve al presente, y la Santa no estaba como yo la veo ahora»: discurriendo después por la disposición de la flecha, de los pies, de los cabellos y la situación del cuerpo mismo, que comparaba con el estado en que quedaron a su partida, añadió: «se ve claro que ha habido un aumento reciente en nuestra TAUMATURGA: estoy pronto a atestiguarlo».

Tal vez se preguntará aquí: ¿y qué objeto tienen estos milagros? Respondo: la honra de los Santos y la edificación de los fieles. ¿No está escrito *que los ojos del Señor están sobre los justos?, ¿que no caerá un solo cabello de su cabeza sin su permiso?, ¿que Él mismo será un guardia de vista de sus huesos y que los servidores de Dios alabarán*

su poder, al verlos germinar, como germinan las yerbas del campo?[28]
Añado con nuestro Compendiador que estas maravillas fueron siempre
la señal de algún prodigio obrado por la Santa o que estaba para obrarse.
Y sobre todo pregunto yo: ¿qué deberemos inferir de que el
entendimiento humano no alcance a comprenderlo?... Espero la
respuesta...

Pero, entre tanto, guárdense bien *de blasfemar de lo que
ignoran*. Aclaremos esto con un suceso. En el mes de junio de 1831
había en Mugnano un concurso muy lucido de personas de distinción,
que habían venido a ver y honrar a SANTA FILOMENA: al mirarla
quedaban como arrobados y penetrados de una devoción tan tierna
como respetuosa; se los veía, sin excepción, arrodillarse, levantarse,
besar el altar, tocarle con la frente con mucho respeto; y, santamente
ansiosos de contemplar a la TAUMATURGA, no acertaban a apartar de
ella sus miradas, exclamando sin cesar: ¡qué bellísima es!, ¡qué bella!
¡Es una cara del Paraíso!...

Nótase, en esto, que la frente se reviste de no sé qué especie de
severidad a que siguen todos los rasgos de la cara. Don Francisco estaba
presente y confesó no haber visto hasta entonces semejante alteración,
confirmándolo otros varios del país, que a la sazón estaban allí.
Pónense en oración, santamente humillados, y la Virgen Mártir, sin
hacer esperar mucho, recobra su primera serenidad: nada más amable
que su cara, que tenía no sé qué de celestial. Dulces lágrimas corrían
de los ojos de todos los testigos, cuyos labios no cesaban de alabar a
Dios; pero lo que hizo en ellos una impresión más fuerte aun que el
milagro, fue la confesión pública que hizo uno de ellos. Dijo,
derramando lágrimas y con la más edificante humildad, que creía muy
poco o nada en nuestra santa Religión; pero que convencido por este
prodigio acababa de abrir su corazón a la verdad; y, dando gracias a la
Santa con el mayor reconocimiento, le suplicó aceptase una rica
ofrenda para hermosear su altar.

De esta clase, añade el Compendiador, no refiero más suceso
que este, omitiendo infinitos semejantes, pues son los que ocurren con
más frecuencia. Entre otros podría citar dos, acaecidos en este mismo
mes; pero debe tenerse entendido que si refiriésemos todos los
prodigios obrados en el espíritu, veríamos indistintamente a los

---

[28] Isai. LXVI. 14.

pecadores y a los apóstoles de la impiedad convertidos en apóstoles celosos de la virtud.

Digamos algo de los ojos de la TAUMATURGA que en varias ocasiones, principalmente cuando se le pide alguna gracia particular, han sido los nuncios del feliz despacho de la súplica. He aquí uno de estos casos ocurrido en 1832. Don Alberto Testa, de una de las familias más distinguidas de Avellino, sufría desde joven graves y complicadas dolencias: los recursos del arte de que estaba bien asistido, no le proporcionaban alivio alguno. Su familia, que hacía pública profesión de ser devota de SANTA FILOMENA, resolvió, en fin, venir a Mugnano a pedir a la Santa la salud de Don Alberto. Durante sus oraciones se notaron algunas alteraciones en el rostro de la Santa y, entre otras, que abriendo uno de sus ojos miraba al enfermo y a su familia. Este prodigio se tuvo por el feliz precursor del beneficio deseado. Don Alberto estuvo algo aliviado por unos días, pero bien pronto volvió a un estado peor que el anterior. No por esto perdieron las esperanzas, antes, aumentando su fe, dijeron a su Santa Protectora: «queremos absolutamente que nos hagáis esta gracia: nuestra familia es toda vuestra: ¿cómo podréis no condescender con nuestros deseos?».

Partieron para Avellino sin dejar de rogar; y a últimos de setiembre volvieron para llamar con más fuerza a la puerta de aquel que dijo, *llamad y se os abrirá*. Desde la mañana del primer día se notaron en el rostro de la Santa las mismas novedades que la vez primera. Animados nuestros peregrinos con estas señales de benevolencia, volvieron por la tarde a la Iglesia y pidieron que se descubriese la urna; pero llovía en abundancia y el cielo estaba tan oscuro que, a pesar de hallarse alumbrada la urna con seis cirios grandes, solo se veía en confuso el rostro de la Santa, privando así a la devota familia de leer en él el despacho de su petición.

Todos los que estaban presentes, participaban de la misma pena cuando, de repente, penetra por una ventana que estaba enfrente y caía al *Oriente* un rayo de luz que, dirigiéndose exclusivamente a la urna de la Santa, proporcionó observarla despacio y con luz completa. Esto era un verdadero milagro, porque el sol estaba entonces a la parte de *Occidente*, y el precursor de otro no menos prodigioso, porque se vio que la Santa abrió y cerró sus maravillosos ojos ocho veces consecutivas. La piadosa familia rebosaba de gozo y no podía tener ya la menor duda del buen resultado de su petición. En efecto, al cabo de algunos días se encontró Don Alberto tan perfectamente curado que parecía otro hombre.

— — — —

Segunda Serie de Milagros
Prodigios obrados en las estatuas, imágenes, etc. de
Santa Filomena[29]

— — —

En todos tiempos ha sido el culto de las imágenes de los Santos un manantial abundante de bienes.

Veamos la prueba de ello en nuestra Santa. El 10 de agosto de 1823 se celebraba en Mugnano la fiesta de la Traslación, y en la

---

[29] Las estatuas y las imágenes de los Santos no son nada por sí mismas. Solo son, para usar de las expresiones de San Pablo, *simulacros mudos: son oro, plata, u otra materia* más vil todavía, *labrada por la mano del hombre.* Pero si las miramos con los ojos de la fe, estas estatuas, estas imágenes, son una misma cosa con los Santos a quienes representan. Así se explica el santo Concilio de Trento. *Es necesario*, dice, *tener y conservar en las Iglesias las imágenes de nuestro Señor* JESUCRISTO, *las de la Madre de Dios y de los Santos, y darles el tributo de honor y de veneración que les es debido. Estamos bien distantes de creer que haya en ellas alguna divinidad o alguna virtud oculta que sea término de nuestros obsequios: el pedir a las imágenes alguna gracia y poner en ellas su confianza se queda para los gentiles. Por lo que hace a nosotros, el culto que les damos se refiere a los objetos a quienes representan; y bien sea que las besemos, bien que las saludemos con respeto, bien que ante ellas doblemos las rodillas, siempre son* JESUCRISTO *y sus Santos los objetos de nuestra veneración.*

No se diga, pues, que Dios reprueba semejante culto. Oigamos a Tertuliano. *¿Cómo reprobará Dios aquello de que Él mismo nos ha dado ejemplo? ¿Quién hizo levantar en el desierto la Serpiente de metal? Pues esta imagen era… Imagen de* JESUCRISTO *y, con todo, ofreció en ella un remedio contra las mordeduras de las serpientes.*

Tales son aún, en el seno de la Iglesia Católica, Apostólica y Romana, las imágenes y estatuas de los Santos… *Non ad idolatriae titulum, sed ad remediandos eos, qui a serpentibus infestantur.* La Iglesia, que mil veces ha anatematizado a los que las desprecian, invita sin cesar a sus hijos a venerarlas con fe. ¡Felices los que la obedecen!

procesión acostumbrada se llevaba la estatua de la Santa. Es de madera, y en semejante ocasión nunca se había observado cosa alguna extraordinaria ni en el peso ni en los adornos que llevaba. Pero este año, apenas dieron los conductores algunos pasos, se vieron precisados a detenerse, oprimidos por un peso extraordinario. Ocuparon otros su lugar y se encontraron con la misma dificultad: vienen terceras parejas y también se confiesan vencidos. Reúnense, en fin, los brazos y los esfuerzos de muchos y, aunque con gran trabajo, consiguen entrarla en la Iglesia. Tan desusado acontecimiento llevó naturalmente las miradas del concurso a la prodigiosa estatua y todos, hasta los niños, vieron en su cara una rubicundez tan extraordinaria, que los llenó de admiración.

Al día siguiente por la tarde, llegaron a la Iglesia tres forasteros para venerar el santo Cuerpo. Se arrodillaron delante de la estatua y observaron que en la extremidad de la barba había un cuerpecito esférico que brillaba como el cristal. Levántase uno de ellos, acerca la mano y la retira mojada con una sustancia líquida y glutinosa que presentó a la consideración de sus compañeros; estos se la aplicaron con devoción a la frente. Reparando en seguida en el rostro de la estatua, vieron que todo él estaba humedecido con un sudor prodigioso y tan abundante como el que ocasiona un calor fuerte en los cuerpos animados: este sudor se reunía en gotas, y estas en dos hilos de líquido que se juntaban en la barba y, de aquí, formando uno solo mayor y algo espeso, caía al pecho. Los colores de la Santa estaban vivamente animados y sus ojos centelleaban con un brillo que sorprendía. Los testigos de esta maravilla llamaron a otros. Don Francisco y el Cura de la Parroquia acuden también. Examinan, tocan y encuentran una especie de maná cristalizado, denso y con alguna elasticidad que resistía y repelía el tacto. La multitud de que en poco tiempo se llenó la Iglesia al ver el sudor y el rostro inflamado de la estatua, gritó unánimemente: «¡milagro!, ¡milagro!». Las lágrimas de gozo y de ternura del concurso, inclusos los dos piadosos Eclesiásticos, fueron el efecto natural y el tributo que se ofreció a este prodigio.

Entre tanto, para contentar la devoción del pueblo y asegurarse mejor de la verdad, se bajó la estatua y se colocó en medio del pavimento de la Iglesia, rodeada de cirios encendidos. De este modo pudieron todos observar de cerca este signo maravilloso que daba el Cielo de su poder y de su deseo de honrar las estatuas de sus Santos. Se observó, además, que una cinta que la estatua tenía al cuello, y de la cual pendía un relicario con un fragmento de sus huesos, estaba también humedecida: pero de un licor diferente en todo del primero.

51

Estaba más condensado y despedía un olor suavísimo, superior al de los perfumes más delicados. Este hecho, atestiguado por todos los que estaban presentes, se justificó en forma como los demás de que hemos hecho o haremos mención, archivándolo en el de este célebre santuario con las formalidades acostumbradas en tales casos.

Si hubiésemos de juzgar por los efectos del todo sobrenaturales que se siguieron, diríamos con el autor, testigo ocular en esta ocasión como lo fue también de la mayor parte de los sucesos milagrosos de que habla en su *Relación histórica*, que, a contar desde este día y a consecuencia de este prodigio de que se hablaba en todo el país, la devoción a S<small>ANTA</small> F<small>ILOMENA</small> se aumentó considerablemente, se estableció su culto en provincias remotas y, lo que es más maravilloso, derritió el hielo de no pequeño número de corazones obstinados. No querían creer en los milagros de la Santa y estos mismos milagros produjeron su conversión.

¿Y qué diré ahora de sus imágenes? Aquí se acumulan de tal modo los prodigios que con gran sentimiento mío me veo precisado a escoger, aunque con el embarazo de no saber qué tomar y qué dejar. ¡Tan digno me parece cada uno de ellos de interesar las almas verdaderamente cristianas!

Los habitantes de Castelvetere, que entre todos los pueblos circunvecinos fueron distinguidos por S<small>ANTA</small> F<small>ILOMENA</small> en sus favores, no quisieron ser ingratos. Reúnen fondos, edifican una Capilla con altar de mármol, y la consagra y dedica a la Santa Monseñor de Nicolais, gran devoto de la T<small>AUMATURGA</small>. También colocaron en ella un lienzo hecho en Mugnano sobre el modelo del Cuerpo de la Santa: y, para que se entienda mejor lo que sigue, debo advertir que la copia salió perfectamente parecida al original, el cual está en la actitud de una joven durmiendo. Los de Castelvetere aguardaban con impaciencia este cuadro, que recibieron con el aparato de la mayor solemnidad. La comunión general que se hizo a consecuencia de los ejercicios espirituales que acababan de dar celosos Misioneros, y de que todos procuraron aprovecharse, no pudo ser ni más numerosa ni más edificante; y la procesión que inmediatamente se siguió para recibir la venerable imagen, tan devota y recogida como puede presumirse de tan bellas disposiciones. Un accidente quiso turbarla.

En el momento que empezaba a marchar sobrevino una tempestad negra que, después de haber oscurecido el cielo, estalló del modo más espantoso; de suerte que se creyó no poder hacerse la procesión. Don Francisco, que se hallaba presente, dijo algunas palabras llenas de fe y reanimó a aquellos buenos aldeanos: hace que las campanas den la señal de marchar y en el mismo instante se parten las nubes y empiezan a alejarse: el cielo vuelve a su primera serenidad y al ruido temeroso de los truenos suceden el cántico de los himnos sagrados y los acentos armoniosos de una música escogida. No tardó mucho en llegar a donde esperaba la imagen, colocada en unas andas magníficamente adornadas. Un grito universal de alegría, acompañado de dulces lágrimas, fue el saludo que se hizo a la imagen. ¿Quién creerá, diré yo con Isaías, lo que voy a decir? *¿Quis credidit auditui nostro?* Pero qué, ¿no tiene oídos el Cielo, ni señales sus felices moradores para manifestarse sensiblemente, así como las tenemos nosotros en este valle de lágrimas?

Todo el pueblo de Castelvetere saludó con enajenamiento a su Augusta Bienhechora y esta quiso manifestar su satisfacción con un prodigio. Se la vio, pues, abrir el ojo derecho que, por la posición de la cabeza, se encontraba en frente de la multitud privilegiada; y poco después el izquierdo, que parece quedó cerrado algunos instantes para hacer el prodigio más señalado y su verdad pudicra justificarse mejor. Salían de estos ojos no sé qué rayos que penetraban las almas y las llenaban de las más deliciosas sensaciones. Las mujeres se despojaban a porfía de sus adornos y los echaban en las andas en prueba de su decisión por la Santa; y lo restante del acompañamiento quedó como sobrecogido y preocupado enteramente de sentimientos de ternura y de respeto.

Aún debían recibir nuevo impulso los sentimientos que despertó este prodigio con la presencia de una señora distinguida de Montemarano que el día anterior había recibido una gracia muy particular de SANTA FILOMENA. Hacía tres meses que sufría dolores muy agudos y cada día se exacerbaban más: abandónala el valor y exclama: «¡Todos los remedios son inútiles y en el Cielo no hay un Santo que se compadezca de mí! ¡Enviadme, Señor, la muerte, que la vida se me ha hecho insoportable!». Dichas estas palabras se quedó profundamente dormida y entonces se le presenta una joven y amable Virgen acompañada de dos Ángeles y la miran con severidad... «¿Es cierto, le dice la joven, que no has hallado en el Cielo un Santo que se interese por ti?...». En seguida añade sonriéndose: «besa esta imagen de la Virgen y Mártir FILOMENA y tendrás lo que deseas». La señora bcsa con respeto y los Ángeles aplauden y exclaman: «¡Está hecha la gracia!». Lo estaba, en efecto. La visión desaparece: la señora despierta y se encuentra sin los dolores ni otro mal que la aflija. Esta Señora y su marido llegaron a Castelvetere aquella mañana para tomar parte en la fiesta, referir el beneficio recibido y dar públicamente gracias a la TAUMATURGA.

Así iba concurriendo todo al consuelo de este buen pueblo que avanzaba lleno de gozo a la Iglesia, cuando una dificultad imprevista y naturalmente insuperable lo detiene algún tiempo para excitar en él nuevo asombro con uno de los mayores prodigios. Nuestro Señor decía a los Apóstoles: tened fe que, aunque solo sea como un grano de mostaza, bastará para que trasladéis los montes. Poco menos fue lo que se vio en esta ocasión. Aquellas buenas gentes al armar las andas para llevar el cuadro no contaron con la anchura de las calles por donde habían de pasar, pues las había que eran cuatro palmos más estrechas. Puede discurrirse el embarazo en que se verían cuando se hallaron en el caso; pero no tardó el Cielo en sacarlos de él. Marchaba la procesión y las filas volvían continuamente la vista a la imagen, previendo que a cada instante habría de pararse; mas los conductores avanzaban sin detenerse, aunque aguardando siempre el estrecho que nunca llegó. En una palabra, llegó la procesión a su término sin haberse detenido un solo instante, ni dado a la máquina inclinación, ni otra postura propia de lo que ha de pasar por donde no puede con facilidad.

El mismo milagro, dice el Autor, testigo ocular y nada sospechoso, se repitió algunos meses después, cuando hubo de trasportarse una estatua de la Santa metida en un cajón que conducían seis hombres, a tres de frente. El cajón tenía ocho palmos de ancho y ciertos callejones por donde había de pasar apenas tenían la mitad. Fácilmente se concibe la imposibilidad del paso; pero ¿qué hay imposible para el Señor? Los conductores penetraron por estos estrechos como si caminasen por una plaza, sin dejar ninguno su puesto y sin alterar la posición ordinaria del cajón. El hecho lo atestiguan todavía centenares de personas que lo presenciaron.

Pasemos ahora de Castelvetere a Lucera. En 1829 llegó a manos del señor Obispo de esta antigua ciudad, Andrés de Portanova, un ejemplar de la obra de Don Francisco de Lucía. Cuando la leía, se sintió fuertemente impelido a establecer en su Catedral la devoción a SANTA FILOMENA: esta nueva abogada, se decía a sí mismo, atraerá las bendiciones del Cielo sobre el Pastor y sobre las ovejas. Empieza pues a tomar sus medidas, y con tanto empeño, que ocupado enteramente de este pensamiento su conversación siempre venía a recaer sobre el asunto, porque no había idea que más lo halagase que el buen éxito de este proyecto. Procuró adquirir un gran número de estampas de la Santa Mártir y las extendió por la ciudad, como igualmente la relación de que hemos hablado. Por este medio alarmó los corazones; se establece la devoción y el Cielo obra una multitud de prodigios, de los que solo citaré uno.

Necesitaba el señor Obispo un Catedrático de elocuencia para su Seminario y puso los ojos en Don Vicente Radago, Canónigo de Apricena, muy conocido por sus sobresalientes talentos. Este se presentó al Prelado, no para acceder a su justa pretensión, pues no se lo permitía el estado de su salud; sino para que, viéndolo, se convenciese de su sumisión y de su imposibilidad. Padecía, en efecto, del pecho en términos de prometer poca vida porque se hallaba aniquilado por la falta de sangre que arrojaba por la boca y por la calentura lenta que no lo dejaba. ¡Mala disposición en verdad para desempeñar un cargo que quebranta la salud más robusta!

—¿Que cómo podréis desempeñar este cargo? le replica el Prelado, a quien exponía su imposibilidad. ¿Cómo? ¡Oh!, eso corre de mi cuenta; no os inquietéis por ello.

—Pero Señor, a menos que V. S. Ilma. tenga el don de milagros...

—No, dijo el Prelado interrumpiéndolo, yo no los hago; pero tengo aquí quien los hará por mí; y tomando una imagen de SANTA FILOMENA la pone en manos del Canónigo diciéndole: «encomendaos a esta Santa: ella os curará y podréis servirme en mi Seminario». El Canónigo recibe la estampa con respeto; se la pone lleno de fe sobre el corazón y exclama: «¡Monseñor, estoy curado!...». Lo estaba, en efecto, y en señal de reconocimiento compuso después una oda, en que cantó el prodigio obrado en su favor.

He aquí otro más reciente, ocurrido en Nápoles en 1831 en la casa de un pobre blanqueador y cuya mujer padecía mucho en su embarazo. Llamábase Ana Moccia y su marido, José Cagiano. Para conseguir algún alivio en sus dolores, se propuso tener encendida día y noche una lámpara ante la imagen de la Santa y lo practicó con exactitud mientras se lo permitió su pobreza. Pero una noche se vio sin aceite y sin dinero y dirigiéndose con admirable sencillez a la Santa le dice: «Buena Santa mía, las dos estamos a oscuras porque no tengo aceite ni para ti ni para mí y yo he de trabajar; conque te dejo: a Dios». Se fue en efecto a hacer su trasnochada a la casa de una vecina, cerrando su puerta y llevándose la llave. Después de algunas horas, vuelve a su pobre casa... ¡Cuál sería su asombro al verla alumbrada milagrosamente; porque la lámpara estaba encendida y además llena de aceite! Corre a la ventana, grita a las vecinas; acuden estas y, oída la historia, la acompañan a dar gracias a SANTA FILOMENA por esta demostración tan tierna de su bondad. Esto solo era el preludio de otros favores.

La buena mujer no estaba mejor que antes, a pesar de sus plegarias y de los sacrificios que hacía, y, llegados los días del parto, tuvo que luchar por espacio de cinco con dolores tan violentos que la pusieron en mucho peligro. La partera hizo juicio que el feto hacia tres días que estaba muerto. La pobre madre, padeciendo cada vez más, pidió la imagen de la Santa y, tomándola en sus manos, «¡qué es esto! le dijo: ¿es esto lo que te pedía?, ¿es este el fruto del aceite que he gastado contigo?...». Ínterin se desahoga con estas quejas afectuosas, da a luz un niño; pero muerto. La partera anduvo lista y tuvo habilidad para retirarlo sin que lo viese la madre y, mientras que emplea en ella toda su solicitud, el pequeño cadáver estaba sobre el suelo y sin abrigo alguno, en medio de la estación fría, pues era el 13 de marzo.

La pobre mujer sabe al cabo de hora y media su desgracia: se aflige, y se le oyen estas palabras: «¡Bella gracia me has hecho! Anda, anda: no quiero tenerte en mi casa: tomad esta imagen: retiradla de aquí». Sin duda nos chocaran estas expresiones si no reflexionásemos que estaban radicadas en una fe tan viva como afectuosa. Ello es que este amor resentido enterneció Cielo y fue remunerado con un favor bien grande en verdad; porque en el mismo instante empieza a moverse el niño: da algunos vagidos; acuden a él las gentes que había en la casa y publican a gritos el prodigio. Se le administró santo bautismo y su alma inocente voló al cielo después de treinta y cinco días a unirse con la que le había conseguido la doble vida de la naturaleza y de la gracia. Este milagro hizo gran ruido en Nápoles y muchos Eclesiásticos tan doctos como celosos lo publicaban por todas partes en honor de la célebre TAUMATURGA.

Concluyamos este artículo pasando rápidamente la vista, como lo hace nuestro Compendiador, por otros muchos sucesos prodigiosos ocurridos en una ciudad de la marca de Ancona que no cita. Un religioso, dice, tenía una estampa en papel solo, sin cuadro, puesta sobre la mesa y apoyada en la pared. Un día vio que dejando la pared avanzó hacia él, como para darle este testimonio de su afecto. Ocurrió lo mismo por muchos días consecutivos, avanzando por el aire y manteniéndose perfectamente perpendicular.

Otro religioso atestigua un suceso muy semejante. Envió a un muchacho a comprar una imagen de SANTA FILOMENA en la actitud que está en la urna. Tráela y al dársela al religioso se le desliza de las manos y cae en tierra. El religioso empezó a reñirle; pero el chico, que no perdía de vista la santa imagen, exclama: «¡Oh! ¡Calle, padre!, ¡mire qué linda es!, ¡cómo se tiene en pie!». En efecto, el religioso la vio tenerse perpendicular sobre el suelo; y, después de haberla contemplado algún tiempo, la toma y la deja caer de propósito: el resultado fue el mismo y el religioso se convenció de que no era una pura casualidad, sino uno de aquellos amables juegos del admirable poder de Dios, del que está escrito: *ludens in orbe terrarum*.[30]

En seguida de estos rasgos que acabo de citar, leo la conversión de uno de estos espíritus fuertes que se escandalizan o afectan escandalizarse, así de que se atribuyan milagros a las imágenes de los Santos, como de que la devoción de los fieles se apresure a honrarlos. Su familia, a despecho de su incredulidad, era muy devota de la Santa: tenía su imagen en el oratorio de casa y le daban culto continuo, y todo a consecuencia de lo que habían oído a un sacerdote fervoroso sobre las gracias innumerables conseguidas por intercesión de la Santa. De esto se hacía conversación algunas veces en la familia; pero creer en milagros, y en semejantes milagros, era indicio, según nuestro filósofo, de un alma servil. Insistía en este modo de pensar, cuando, durmiendo un día, le pareció hallarse en la Iglesia, donde vio a la Virgen Mártir rodeada de muchas personas, todas pidiéndole algún favor y

---

[30] Tal vez me replicará alguno: «¡El poder de Dios!... ¿Y no es una especie de blasfemia atribuirte semejantes pequeñeces?...». De ninguna manera, contesto yo: de ninguna manera: así como no lo es atribuir a Dios la formación de esos insectos que humillan el orgullo y atormentan la sensualidad del hombre. De ninguna manera: así como no lo es decir, al ver esas hebras que nacen debajo de nuestros pies: esto, estas plantas, inútiles al parecer, estos tallitos ignobles para mí, son la obra de un Dios infinitamente sabio. ¡Eh! ¿De cuándo acá no están bajo el dominio de la Providencia las cosas pequeñas a mis ojos? El orgullo, que hace al hombre ciego e insensato a un tiempo, ¿será bastante poderoso para alterar sus inmutables decretos?... ¿Nuestra futura celestial grandeza no debe engendrarse, según ellos, en la humillación y en la pequeñez?... Pero bien: convengamos en que son locuras estos juegos de Dios; mas también es forzoso convenir con San Pablo, en que *estas locuras de Dios encierran más sabiduría que cuanta aparente razón hay en las obras maestras de la sabiduría humana.*

volviéndose plenamente satisfechas. Deseando él también conseguir una cosa que tenía muy clavada en el corazón, se acerca y hace su súplica: «¡Quítese delante!, ¡quítese delante!», le dice la Virgen-Mártir muy enfadada. «¿No eres tú aquel hombre que no cree en los milagros que yo hago? ¿Y tú te atreves a pedirme uno para ti?...». Estas palabras, pronunciadas con tono severo; hicieron una impresión muy fuerte en su corazón. Despertó; pero ya era otro hombre. En un instante cambiaron sus ideas, y el que no creía en los milagros hubo de confesar el que se hizo con él y llorar su error. Fue, en adelante, tiernamente devoto de la TAUMATURGA y mereció por ello que la Santa lo distinguiera muy particularmente en la distribución de sus favores.

Omito un gran número de otros milagros, pues ya es esto bastante para la edificación de los fieles y demasiado para el hombre carnal, que ni comprende ni acertará a comprender semejante lenguaje.

— — — —

Tercera Serie de Milagros
Multiplicaciones milagrosas obradas por
Santa Filomena[31]

— — —

Una de las jóvenes que bajo la protección de SANTA FILOMENA consagró a Dios su virginidad, aun en medio del siglo, padecía grandes congojas de espíritu. Tenía otras dos hermanas que servían a Dios del mismo modo y las tres de concierto se propusieron alcanzar de la Santa que pusiese término a estas penas. He aquí cómo escuchó el Señor esta oración. Hacía algún tiempo que era difunta la madre de estas vírgenes y, apareciéndose una noche, dirige estas palabras a su Rafaela (así se llamaba la afligida): «procura encender una lámpara a la Santa Virgen el viernes, día de su martirio, y tenla encendida hasta el sábado». Esta piadosa hija, sin decir nada a nadie, se dirige a su confesor refiriéndole la visión, y este que la conocía bien, le dio permiso para hacer lo que su madre le había mandado. Prepara la lámpara y la adorna; mas, como era muy pobre la familia, no pudo esta joven poner más aceite que el que a la sazón había en la lámpara y al colocarla ante la imagen la dice con candorosa sencillez: «Bendita Santa mía, conténtate con el aceite que hay aquí: yo te lo suplico, pues sabes que no tengo más: si quieres que dure hasta mañana, arréglate como puedas». Decía esto con el conocimiento de que no había más que la tercera parte del aceite preciso para que la lámpara estuviese encendida un día entero. Su sencillez y

---

[31] ¿No nos da todos los días la naturaleza las pruebas más grandes de estos nuevos efectos del poder de Dios? ¿No leemos en el Evangelio esta especie de prodigios? ¿Y cuántas veces los Santos, a quienes nuestro Señor comunicó este mismo poder, no los han obrado en favor de los pobres y de sus amigos? Si después de esto, se quisiese insistir en una maliciosa admiración, me bastará recordar aquellas palabras del Padre de familia al hijo que siempre le había dado gusto: *Fili, omnia mea, tua sunt.* Hijo mío, todo lo que yo tengo es tuyo. Tal es en efecto la promesa de JESUCRISTO a sus fieles siervos: *ellos son los poseedores y distribuidores de todos sus bienes.* Dejemos pues de hacer misterio, porque pueden lo que puede Dios: porque puede el Hijo lo que puede el Padre.

su confianza agradaron a Dios y a su gloriosa Sierva; porque después de arder un día entero, se encontró la lámpara con el mismo aceite que tenía al principio. El prodigio continuó por dos años enteros, con la sola diferencia de que el aceite, que ordinariamente estaba a la misma altura que cuando se puso, alguna que otra ocasión se notó que faltaba un poco y se añadían algunas gotas. Muy rara vez hubo que poner más.

Otro prodigio, por el mismo estilo, ocurrió en Lucera el 19 de enero del año anterior 1833. Se celebraba este día la fiesta de la Santa con grande solemnidad; y un vecino, buen cristiano y gran devoto de la Santa, viendo que se trabajaba ya algunos días para hacer la fiesta brillante, se siente movido a contribuir en algo a la solemnidad, honrando por su parte a SANTA FILOMENA; y a este fin encendió una lámpara, que tuvo así desde las primeras vísperas hasta el fin del día siguiente. En el vaso de que se servía ordinariamente para esto solo cabía aceite para cinco horas y lo llenó, con ánimo de acudir con más aceite a tiempo oportuno. Llega este momento y cuando va a poner más aceite ve su vaso tan lleno como cuando lo puso. Esta multiplicación milagrosa de aceite duró por espacio de cuarenta y ocho horas: de ella fueron testigos no solo el devoto, sino un gran número de personas que, oyéndole referir la primera novedad, acudieron a verlo y a alabar al gran Dios, que penetra con los rayos de su gloria hasta en la oscuridad más profunda; y, por decirlo así, hasta en los bordes de la nada.

Citemos otro rasgo del mismo género; pero mucho más público, pues lo atestigua todo el pueblo de Mugnano y con él una multitud de forasteros que entonces se hallaban allí con motivo de la fiesta de la Traslación de la Santa. La Iglesia, que en tales días siempre está llena, lo estaba más a la sazón porque una banda escogida de música que había venido de Nápoles ejecutaba con mucho arte un soberbio motete; cuando he aquí que una paisana de Sirignano, con la rústica simplicidad de tales gentes, se empeña en atravesar, quieras o no quieras, por medio de la multitud apretada hasta llegar, decía ella, a la lámpara de la Santa y tomar un poco de aceite bendito. Su perseverante importunidad introdujo algún desorden en las gentes: murmuraban, resistían y a porfía la reprendían; pero viendo su terquedad, todos acababan haciéndole lugar para evitar mayor confusión. Las gentes que veían la lámpara apagada por falta de aceite no apartaban de ella sus ojos, esperando verla en grande embarazo y reírse bien a su costa; pero la buena mujer no veía lo que veían los demás: llega y con una seguridad que tentaba ya la risa del concurso, se pone a buscar aceite donde solo había agua: revuélvela, y de ella quiere sacar aceite para su dolencia… ¡Buen Dios, qué no puede la fe! *Buscad y encontraréis*, dijo nuestro Señor, y hoy lo confirma con un milagro. En la lámpara no había más que agua: viértela la aldeana en su vaso y la multitud asombrada lo vio lleno de aceite claro y milagroso. ¡Oh, por cuán bien empleadas dieron entonces las incomodidades que había hecho sufrir! El nombre de la buena paisana, animada de fe tan viva, andaba mezclado con el de SANTA FILOMENA: todos se ocupaban del prodigio, mayormente que después de él, la lámpara, como antes, no contenía más que agua.

Pasemos ahora a otra clase de multiplicaciones, acaso más maravillosas. Hablo de la multiplicación de las estampas y de los libros mismos de que se han tomado las noticias de este Opúsculo.

El Obispo de Lucera, devoto celoso de nuestra TAUMATURGA, había pedido repetidas veces a Don Francisco una buena porción de imágenes para repartirlas entre sus diocesanos. Don Francisco tardaba en servirle porque quería llevarlas él mismo, y así lo hizo. Sabe el Prelado su arribo e, impaciente por tener lo que tanto deseaba, no aguarda la visita y le envía uno de sus capellanes, suplicando a Don Francisco le entregue las imágenes. Este se las dio inmediatamente, contentándose con reservarse para sí unas cuarenta de los muchos centenares que había traído. El Obispo ve el paquete y le parecen pocas. Persuadido empero de que Don Francisco habría traído muchas más, le envió segundo recado para que le hiciere otra remesa. La respuesta fue que escribiría a Mugnano; «porque al presente, añadió el Misionero mostrando las que le habían quedado, me es imposible complacer a S. S. Ilma».

Pásanse algunas horas, y Don Francisco, queriendo distribuir entre algunas personas conocidas las pocas estampas que le habían quedado, abre su caja y con grande asombro suyo se encuentra con tres paquetes, cada uno de cien estampas, en lugar de las cuarenta que se había reservado… ¡Don precioso que hacía la Santa al celoso Prelado y que Don Francisco conoció al momento! Vuela pues al palacio episcopal con su caja milagrosa, y cuenta lo ocurrido. Deshácense los paquetes, compáranse las primeras imágenes con las segundas y se parecen perfectamente: no obstante, en la calidad del papel y en los rasgos de la Santa había una diferencia muy notable, bastante para que, prescindiendo de su procedencia milagrosa, hubiesen sido preferidas a las otras. *El Señor*, dice el Profeta, *oye el deseo de los pobres; y sus oídos escuchan las súplicas de su corazón.*

61

He hablado también de multiplicación de libros. Esto ha ocurrido con más frecuencia y casi siempre entre las manos, por decirlo así, de Don Francisco. Este prodigio, verdaderamente inaudito, se verificó primero en Mugnano, y después en otras partes, y sobre la segunda edición de la *Relación histórica*, obra escrita con persuasiva sencillez. Como los pedidos, en lugar de dirigirse a Nápoles, donde se había impreso la obra, se hacían al Custodio del santo Cuerpo en Mugnano, hizo éste venir de la Capital todos los ejemplares que quedaban de la edición, poniendo el depósito en su propia casa, para servir mejor a los que los pedían. Colocó estos libros en una cesta grande y en cinco pilas de cuarenta y cinco ejemplares cada una, cubriéndolos después con cuidado para que no los maltratase el polvo. La pila que estaba más a mano era la destinada a la venta diaria. ¡Cosa verdaderamente admirable! Nunca disminuía la pila, a pesar de que desde últimos de junio hasta mitad de noviembre no había cesado la venta de libros. Y lo que es más extraño que, aunque al vendedor le había llamado la atención esta novedad, nunca le pasó por el pensamiento que pudiese haber en ello algún milagro.

A mediados de noviembre vinieron muchas personas en peregrinación al Santuario de nuestra Mártir y quisieron llevarse ejemplares de la *Relación*. Don Francisco se los dio gratuitamente a honra de la Santa. Sale después de su casa: cierra su cuarto llevándose la llave y no vuelve hasta bien entrada la noche. Acude el criado a alumbrarle; Don Francisco abre su habitación y entran los dos en ella. Le esperaba una novedad bien particular; porque el suelo estaba lleno de libros tirados con estudio acá y allá. Se detiene pensativo sin saber a qué atribuir esto, porque el cuarto estaba cerrado y nadie había venido a la casa: hace varios juicios y, por último, titubea, temiendo si por este medio le quiere manifestar el Cielo que no le agrada su trabajo: este pensamiento era hijo de su humildad. Veamos lo que le sugiere su prudencia. Procura distraerse y deja para la mañana siguiente el examen de lo que podría ser, cuidando solamente de no tocar a nada, dejando todos los objetos del cuarto en la disposición en que se hallaban. Al levantarse lo examina todo con la mayor atención y después de haberse convencido de que las pilas de la cesta estaban intactas, cuenta los libros que había por el suelo y resultan sesenta y dos. Convencido entonces de la realidad de un prodigio, que su virtud le impidió ni aun presumir, cierra el cuarto y dirígese a la Iglesia.

Al paso que iban entrando en el templo personas conocidas que habían visto repetidas veces el depósito en cuestión y el modo con que estaba, las iba reuniendo y, luego que hubo el número que le pareció suficiente, les suplicó fuesen a su casa y que, encomendándose a Dios y a la Santa, examinasen con detención los libros tirados por el pavimento y, sin tocar a ninguno ni a nada, volviesen a decirle su parecer. Todos convinieron en que era un verdadero milagro; y para convencerse de ello bastaban las siguientes sencillas reflexiones. 1.ª La tela que cubría la cesta estaba llena de polvo y sin ninguna señal que indicase haberla tocado: 2.ª la pila exterior, de la que se iban tomando los que se vendían, tenía aun diez y nueve ejemplares: 3.ª el número de los que había por tierra eran sesenta y dos: 4.ª las otras cuatro pilas de la cesta estaban enteras y cerrado en ellas todo lo que restaba de la segunda edición. ¿Qué se había de inferir de aquí? Este raciocinio descubrió otro milagro en que no se había pensado. Calculó Don Francisco el número de ejemplares vendidos o dados gratuitamente y pasaban de quinientos.

Dejo al Lector que saque la consecuencia que se presenta tan obvia y que habla tan claro en favor de los prodigios contenidos en estos libros. Veamos cómo se repite otra vez.

Una noche, entre nueve y diez, se ocupaba nuestro virtuoso Misionero en trabajar con un hermano suyo en cierta obra de manos para la Santa. De repente oyen en la habitación próxima, que era el cuarto de Don Francisco, un ruido tal que los asustó. Se miran uno a otro, discurren y titubean; pero, en fin, poniendo su confianza en su Santa Protectora, marchan al lugar de donde les pareció que vino el susto y con esta sola diligencia se cercioraron de un nuevo prodigio: se encuentran con otra multiplicación de libros, y estos en una disposición tan singular y agraciada, que les chocó aún más que la multiplicación misma. Había algunos cuyo corte abierto por medio, se apoyaba en el pavimento, sin que el polvo pudiese manchar el interior: otros se sostenían horizontalmente sobre el respaldo de las sillas: otros se apoyaban mitad sobre los asientos de las mismas y mitad sobre la pared formando el todo un juego gracioso y amable que deleitó santamente a nuestros dos hermanos.

De paso debemos notar aquí que este es uno de los caracteres más marcados de casi todos los milagros de la Santa, de suerte que conocido es imposible no amarla. Don Francisco se abstuvo semanas enteras de tocar los libros milagrosos: así que, pudo una multitud de personas contemplar despacio este juego tan singular como edificante de nuestra TAUMATURGA y testificar la nueva multiplicación. Hecho un examen detenido, se vio que los libros multiplicados eran en número de diez y nueve, los que se distribuyeron a personas piadosas y distinguidas que con mucho empeño los pedían de todas partes a Don Francisco.

Lo que acabamos de referir se verificó en Mugnano; pero Dios quiso repetirlo en otras partes. Don Alejandro Serio (de quien se acordarán nuestros lectores), encargado de distribuir algunos de estos libros, no tenía más que seis a su disposición. Como en Nápoles, donde habitaba este Caballero, era grande el despacho, le hicieron bien pronto muchos pedidos y recurriendo a su menguado paquete, en lugar de uno encontró dos, y en cada uno de ellos doble número de ejemplares de los que le quedaban.

Un sujeto de Monteforte, llamado Liberato Fedeschi, tomó en Mugnano diez ejemplares de la misma *Relación* por encargo que le habían hecho sus compatriotas. Pídenselos: acude a su cajón donde los tenía cerrados bajo de llave y en lugar de diez se pasma el buen hombre de encontrar un número mucho mayor. Cuenta los libros, y halla treinta y cuatro.

La quinta multiplicación se verificó el año de 1829. Acababa de publicarse la tercera edición. Don Francisco había de hacer un viaje a Ariano y contando con ir desde allí a Lucera, llevó consigo cuarenta ejemplares de esta tercera edición, dejando en Mugnano ciento y cuarenta. Los libros no llegaron a Lucera, porque se los arrebataron en Ariano, sin satisfacer por esto los deseos de aquellos habitantes, porque sobre la marcha hubo de pedir otra remesa de cincuenta: despachada, pidió la segunda de otros cincuenta y, en seguida, la tercera de igual número; y con todo, Don Ángel Bianco, eclesiástico celoso, de quien Don Francisco se servía en esta ocasión, le escribió que quedaban todavía otros cuarenta. Aun no acaba aquí. Cuando Don Francisco volvió de Lucera, donde nunca acababan los pedidos, pudo enviar ochenta y seis ejemplares: cuenta después de esto los que restan y encuentra otros ochenta; de modo que hubo una multiplicación de doscientos treinta y seis volúmenes.

No tardaron en ser pedidos estos ochenta. Toman y envían: el número de estas remesas por espacio de un año entero asciende a muchos centenares, y al fin… el fondo es el mismo: no se seca la fuente.

En otra ocasión se vio Don Francisco con solo diez ejemplares: le piden nueve y los da: vuelve a su depósito y cuenta diez y nueve.

Tales son las obras de Dios para honrar a sus Santos en un tiempo en que para destruir el imperio del mismo Dios hace la impiedad circular la variedad de sus venenos en libros multiplicados al infinito... ¿Podremos pues negarnos a creer los milagros del Altísimo cuando vemos a los gusanos, me atrevo a decirlo, hacerlos aún más asombrosos?... Hacer Dios milagros... ¿Y en esto qué hay de extraño? Es Dios: es nuestro Padre: nos ama, y ¡son tan connaturales las dádivas al amor!... Pero que el hombre, enriquecido por la divina liberalidad con tantos bienes, se sirva de estos mismos bienes para hacerle una guerra rencorosa; que al intento se consuma por los sacrificios y las vigilias que exigen de él las invenciones, cada día más costosas para él, cada vez más diabólicas; porque son más refinadas en su malicia, más sutiles en sus medios y más profundas en sus resultas... ¡Ah! ¡Ved aquí un prodigio, pero prodigio contra la naturaleza! ¡Ved aquí lo que el corazón humano no puede hacer solo y prueba el concurso de un poder sobrenatural: ved, en una palabra, milagros verdaderos del infierno ¿Deberemos admirarnos, después de esto, de que en tiempos tan desdichados, veamos que el poder de Dios despierta en alguna manera de su sueño, para sostener de un modo ruidoso, las murallas fuertemente acometidas de su Iglesia?...

———

Cuarta Serie de Milagros
Prodigios obrados en favor de los Niños[32]

— — —

Rosa de Lucía, prima hermana de nuestro Misionero, tenía un niño de cerca de ocho años que, a pesar de los tiernos cuidados de la madre y de los esfuerzos de la medicina, iba tirando, amenazado siempre del último momento. Llega, en efecto, a la agonía y expira en presencia de sus padres y de otras personas. La pobre madre lo veía y no quería creerlo. Hace mil pruebas para ver si alguna le confirmaba en la esperanza que no podía arrancar de su corazón; pero todo es inútil, solo sirve para adquirir la triste certidumbre de que su hijo es muerto: SANTA FILOMENA no ha escuchado las fervorosas súplicas de una madre afligida. Entre tanto, siente esta buena Señora que, en medio de la amargura de su corazón, se reanima su fe con nueva fuerza. Corre a la imagen de la Santa: la descuelga de la pared: la tira sobre el cadáver y derramando un torrente de lágrimas pide a gritos que se le vuelva su hijo. ¡Oh bondad amabilísima de nuestro Padre Celestial!... En el mismo instante se levanta el niño, como si despertase de un sueño pacífico, sale de la cama, corre a los brazos de su madre y cambia sus lágrimas en otras de que solo puede tener idea esta dichosa mujer.

---

[32] Al leer la *Relación* de las obras maravillosas de SANTA FILOMENA, es forzoso notar la predilección particular que tiene por los niños. No parece sino que, tomando las palabras de su celestial Esposo, nos dice: *Dejad que se me acerquen los niños: a ellos y a los que se les parecen pertenece el Reino de los cielos.* En efecto, no es la grandeza, no es la nobleza, ni la reputación, ni la fortuna, ni ninguno de los pretendidos bienes que idolatra y tras los que se alampa el mundo; sino el candor, la inocencia, la humildad, adornos preciosos de la amable infancia, lo que recomienda a los ojos de Dios a su criatura, sea quien quiera. Estas virtudes, tan amadas del corazón de JESUCRISTO, prometen al hombre una vida larga con la que adquiere todos los bienes celestiales, los conserva y aumenta cada día. Tal es, en mi concepto, la lección que Dios ha querido darnos, obrando por SARTA FILOMENA tantos prodigios en favor de los niños.

Todos lo ven, no solo resucitado, sino sin ningún síntoma de enfermedad: está perfectamente bueno.

En Monteforte ocurrió otro milagro no menos extraordinario. Cierto Lelio Gesualdo y su mujer Antonia Valentino tenían una niña llamada Rosa Fortunata, a la sazón de once meses. Era única y por consiguiente muy amada. Un día que la tenían a la ventana, se desliza de los brazos y cae a la calle desde una altura de 24 palmos. Debía ser muy rápida la caída para desprender algunos trozos de un conducto de ladrillo en que la niña pegó con la cabeza, antes de llegar al suelo que estaba empedrado. La madre veía esta deplorable escena desde un punto más alto de la casa y exclama arrebatada: «¡tuya es, SANTA FILOMENA, si me la conservas!». El padre de Fortunata, que también se hallaba en la calle, da el mismo grito con igual súplica: corre a la niña tendida en la calle, la toma en sus brazos, la examina, y no ve ni herida, ni fractura, ni contusión: solo se había roto un adornito de plata que llevaba al cuello.

A otro niño de cerca de doce años, llamado Santiago de Elia, hijo de un cirujano de Visciano, le cogió un pie la rueda de un coche y se lo rompió. El dolor fue tan vivo, que perdió el conocimiento, y lo llevaron a su casa semimuerto. Dentro de poco apareció la gangrena, a pesar de los cuidados de su padre: la amputación estaba indicada; mas, no pudiendo hacerse por la mucha debilidad del paciente, esperaban verlo morir de un día a otro. En medio de esto llega a la casa Don Sabatino Nappo, sacerdote del pueblo: llevaba consigo una imagen de la Santa y exponiéndola a la veneración de la familia la empeña a que se interesen con la TAUMATURGA por la salud del niño. Arrodíllanse: rezan la letanía de la Santísima Virgen y acercándose el Eclesiástico al enfermito lo despierta de su letargo y le muestra a SANTA FILOMENA. El niño la mira y empieza a hablar con un tono que mostraba no tener mal alguno; descubren la llaga… la gangrena ha desaparecido y el pie está curado: se levanta el niño y, aunque le falta un dedo, anda con la mayor facilidad.

Aún fue más completa la gracia obtenida para una niña que solo tenía cinco años. Puede atribuirse a su nombre, pues se llamaba Filomena, y la Santa ha manifestado siempre una predilección particular a las niñas que recibieron este nombre en el bautismo. Los padres de Filomena eran María Monteforte y Nicolás Canónico. Un día enredaba a la boca de un horno y cayendo la tapa le cortó el cuarto dedo de un pie. Acuden a sus gritos y la llevan a su cama: y después de visto el mal, que podía hacerse muy serio, llamaron al cirujano y aplicó los remedios convenientes. Llegada la noche no pudo dormir la niña; mas como ella refirió y acreditó el suceso, mientras todos descansaban, la Santa le hizo una visita, le dio algunos dulces y después le dijo: «Filomenita mía, ten buen ánimo: di a mamá que no llore, que yo te curaré». Desapareció. La niña llama a gritos a su madre, acude y poco después, todos los de la casa. Filomena, a su modo, cuenta lo que había visto, lo que le habían dado y lo que le encargaron dijese a su madre, y la familia se entrega a los más justos transportes de gozo y de reconocimiento.

Ya les parecía que tardaba el cumplimiento de la promesa, pero no estaba tan lejos la mañana en la que se levantó nuestra cojita y paseó con el mismo aire que antes del funesto accidente. Entre tanto, le faltaba el dedo y esperaban que la Santa acabaría su obra; cuando Filomena refiere a sus padres que había recibido segunda y tercera visita, y que la TAUMATURGA, siempre cariñosa con ella, le regaló cada vez algunos dulces. Esto confirmó su esperanza, y dos días antes de la fiesta de SANTA FILOMENA la ven cumplida, recobrando la niña el dedo perdido. No era el mismo que tenía antes y que se llevó al cementerio; sino otro que, aunque proporcionado, era fácil reconocer que se encontraba allí por un prodigio.

Vamos con otra Filomena. Era un poco mayor de edad que la precedente y también acaso un poco más aturdida. Sus padres se llamaban Tomás Tedesco y Úrsula Serio. El día mismo de la fiesta de la Santa Patrona, en el año de 1830, tenía unas tijeras en las manos y se ocupaba en cortar no sé qué cuando he aquí que se las mete por el ojo derecho y se hace una herida de la que por espacio de cinco días estuvo saliendo sangre y agua. La familia, afligida como se deja conocer, acude a la intercesión de la Santa Mártir, pero diciéndole neciamente que mejor querían verla muerta que en aquella disposición. Don Francisco, informado del accidente y de las oraciones irreflexivas de la familia, se traslada a su casa y, después de haberla reprendido, llama a la muchacha y le dice: «ve, hija mía, a la Iglesia, toma con el dedo del aceite de la lámpara de la Santa y con él úntate la llaga». Filomena obedece, haciendo exactamente lo que se le ha mandado. La fe de esta criatura produjo su efecto, valiéndole una gracia enteramente milagrosa; porque el ojo, no solo curó contra la expectación de los facultativos que lo juzgaron incurable, sino que todos veían en él un brillo, una viveza de que distaba mucho el izquierdo. Filomena sacó de este prodigio un fruto mucho más precioso; porque se aumentó su fe, hasta el punto de ser recompensada con otro favor, igualmente extraordinario.

Pásanse algunos días y encuentra a un primo suyo a quien un cohete que en las fiestas le reventó en la cara se la estropeó cruelmente; y Filomena lo exhorta a que imite su ejemplo. Según ella no hay cosa más fácil que curarse: «no tienes que hacer más, le decía, que ir a la Iglesia, tomas del aceite de la lámpara, te frotas los ojos y la cara, y ya estás bueno». El muchacho parece quedó convencido: va a la Iglesia y hace lo que le encargó su prima: a la mañana siguiente se levantó perfectamente curado. Nadie hubiera dicho al verle que le hubiese sucedido la menor cosa.

Ahora quisiera yo exclamar con nuestro Divino Maestro: *¡Glorifícote, Padre mío, porque ocultas estas maravillas a los sabios y prudentes* orgullosos, *y las revelas a los pequeñuelos!* ¡Ay!, ¿qué misterio es este? ¡Todos hemos recibido la fe; y entre tanto son tan pocos los cristianos que saben aprovecharse de sus inagotables riquezas!...

Aún tenemos que referir otros sucesos. Dominica Moccia fue la primera que en Castelvetere puso el nombre de Filomena a una niña que le dio el Cielo. Agradó a la Santa este obsequio; y bien pronto se advirtió, por señales sensibles de la más tierna amistad, que velaba de un modo particular sobre su nueva clienta. Abunda aquel país de cínifes y la madre de Filomena la defendía contra ellos especialmente por la noche, por medio de un velo. Cuando venía por la mañana, nunca encontraba el velo cubriendo la cuna, como ella lo ponía, sino en un extremo de ella y dobladito con mucho esmero. En medio de esto no se veía en la cara y manos de la niña la más ligera señal de picadura. ¿Quién podía ser la oficiosa amiga que sin participarlo a nadie cercaba con su vigilancia y cuidados a una criatura inocente que ni sabía ni podía manifestar su gratitud? Sus padres lo hicieron por ella, dando gracias en el fondo de su corazón a la buena SANTA FILOMENA y aun parece que hicieron voto de visitar su santo Cuerpo cuando la edad permitiese a la niña acompañarlos. En efecto, cumplieron su promesa cuando tuvo tres años.

Entran en el Santuario; pero apenas descubren la urna cuando Filomenita da muestras de estar terriblemente asustada; poco después empieza a sollozar y a bregar, dirigiéndose todos sus esfuerzos a querer escapar de la Iglesia. Don Francisco, los padres de la niña y los parientes, no podían comprender este misterio, pues jamás habían visto un fenómeno semejante: al contrario, siempre advirtieron en estas almas puras un regocijo que enternecía y edificaba a un tiempo. Nadie puede figurarse la tristeza de que se cubrió el corazón de los testigos de esta escena; la cual estuvo tan lejos de disiparse que, al contrario, se aumentó más cuando la llevaron al Santuario el día siguiente y, en general, siempre que la presentaron delante de la Santa Patrona. Fue preciso partir, llevándose esta espina en el corazón; pero bien pronto los sacó Dios de esta aflicción, abriendo la boca de esta criaturita, que hasta entonces había guardado un silencio obstinado. Yendo por el camino le preguntó su padre ¿por qué no quiso estar delante de la Santa? «¡Eh!, papá, respondió la niña, porque quería cogerme de las manos y me decía: "quédate conmigo, Filomena; ven aquí, no te vayas", y quería sacarme de mi mamá Justina, y yo no quería dejar a mi papá y a mi mamá…». ¡Encantadora amabilidad! ¡Bondad, condescendencia verdaderamente propia de los escogidos! «¿Dónde están, exclama aquí nuestro Autor, dónde están los grandes del siglo, que se dignen bajarse a acariciar de este modo al hijo de un pobre artesano?».

Notemos todavía algunos rasgos, que respiran la más amable benevolencia. El primero ocurrió en Nápoles en 1830 y lo refirió a Don Francisco un eclesiástico sabio, tío de la Filomenita de quien vamos a hablar. La madre de esta niña colocaba, al acostarse, sus vestidos y los de su hija sobre una silla que estaba junto a la cabecera y sobre la que había en la pared una lámpara, que ardía en honor de la Santa Mártir. Nunca había ocurrido novedad, cuando una noche peterreando la mecha, disparó una chispa y cayó sobre los vestidos. Los primeros eran los de Filomena. El fuego hizo su oficio, pero sin advertirlo nadie. A la mañana, cuando la madre echó mano a los vestidos, encuentra los suyos hechos ceniza y la silla medio quemada, pero los vestiditos de Filomena intactos; solo se advirtió en una flor, porque eran de algodón pintado, una quemadura del tamaño de una uña, indicio cierto de que por ellos empezó el fuego y que hubieran sido consumidos si la vigilante protectora de los niños que tienen su nombre no hubiese cuidado de apagarle.

También los pobres tienen parte, y muy abundante, en los favores de SANTA FILOMENA. He aquí un rasgo bien tierno, entre otros mil. En Vieste, pueblo situado al pie del monte Gargano, vivía una familia tan pobre como honrada. La necesidad extrema en que se hallaban los obligó a trasladarse a la ciudad para buscar en ella algún trabajo con qué poder subsistir. El marido se llamaba Juan Troya y su joven esposa María Teresa Bovini. El haber de esta buena familia consistía en una mala choza y un huertecito junto a ella: ¡medios harto pobres para vivir sin congoja! María Teresa, especialmente, padecía mucho acordándose que se acercaban los días del parto y no podía pensar en el fruto de sus entrañas sin que se le llenase el corazón de amargura. «¿Dónde pondré mi niño? ¿De dónde sacaré las ropitas que necesito? Pero al fin, todo lo puede el Señor; y si SANTA FILOMENA quiere ayudarme, hará por mí un milagro». Así se animaba a soportar su pena, suplicando a menudo a la TAUMATURGA que no la abandonase en su apuro.

Llega, en fin, la hora tan temida; pero el socorro no parece: no podía ser mayor el embarazo, así de la madre, como de la partera. María Teresa se queja a la Santa y la comadre busca por todas partes algún trapo con qué envolver a la criatura; pero era tal la falta de todo en la choza que ni un miserable andrajo se presenta a su vista. Entonces, esta mujer compasiva se quita su pañuelo de los hombros y abriga con él la niña; falta ahora con qué sujetarle. María Teresa se acuerda que tiene un fajero, aunque malo, en un arca y la partera corre a buscarle. Abre… ¡Buen Dios, cuál es su sorpresa al encontrarse con un ajuarcito tan completo, que nada falta, ni para el cabal, ni para el aseo, ni aun para la elegancia! El olor suavísimo que exhala esta ropa embalsama el aire. Vuelta en sí, la comadre la toma, la besa y la lleva a la madre que rebosando de gozo no sabe cómo dar gracias a la Santa. La niña ricamente envuelta, sale para la fuente bautismal: la noticia del milagro ha circulado ya y las gentes se agolpan para ver, besar y oler el aroma celestial que exhalan las mantillas milagrosas. No paró aquí la Santa.

A la noche siguiente despierta María Teresa a los vagidos de su niña: sale de la cama para tomarla; pero no está en su cunita: incierta y atemorizada la busca a la luz de la lámpara y ve, ¡oh prodigio!, a una joven vestida de blanco y hermosa como un cielo que sentada en una silla tenía a su niña en brazos y le hacía mil caricias. ¡Qué consuelo para una pobre madre! Sobrecogida a un tiempo de respeto, de gozo, de confusión y de reconocimiento, no sabe sino decir: «¡Ah, SANTA FILOMENA!...». SANTA FILOMENA entonces se levanta de la silla, besa a la niña muy cariñosamente, la vuelve a poner en su lugar y desaparece. Nuestra pobre María Teresa estuvo como abobada una porción de días. Y nosotros que leemos esto, ¿podremos contener los transportes de nuestra admiración? ¡Ah! ¡Bienaventuradas una y mil veces las almas sencillas y los corazones verdaderamente fieles! ¡Bienaventuradas la inocencia y la pobreza ricas de fe!

Aquí querría dar fin a este artículo; pero lo interesante de la materia me hace cierta violencia para continuarlo, y prosigo con el beneplácito del lector.

En 1830 se celebraba en Castelvetere la fiesta de SANTA FILOMENA. La pompa era magnífica y el concurso extraordinario. Todas las campanas estaban en movimiento, y es bien sabido que en tales días es para los muchachos un verdadero placer subir al campanario. Pocas veces va la prudencia en su compañía, y esta fue la causa de que tomando a uno por delante una campana que volteaba lo tiró a la calle donde debió hacerse pedazos después de una caída de cincuenta palmos. Sus compañeros lo creen perdido: gritan y acuden las gentes; pero antes que lleguen a él, ven que se levanta y, orgulloso como si con su caída hubiese conseguido una victoria, aprieta a correr, entra en la Iglesia, sube a la torre y se presenta muy ufano a sus compañeros asustados. Invocó a SANTA FILOMENA en su caída y SANTA FILOMENA lo salvó.

El día antes hubo otro prodigio semejante no lejos del mismo pueblo. Se hallaba una niña sobre una roca y a presencia de sus padres cae a un valle profundo dominado por la roca. Vuelan a socorrerla; pero cuando llegan la encuentran sin conocimiento y casi sin vida. Penetrados del más vivo dolor se ponen de rodillas allí mismo e invocan a gritos a su Santa Protectora. «¡SANTA FILOMENA, exclaman, SANTA FILOMENA, no permitas que nos llevemos muerta la niña! ¡Ea!, socórrenos: ahórranos esta desgracia». Para mover mejor el corazón de la Santa, se impusieron una mortificación muy usada en aquel país, y consiste en arrastrar su lengua por piedras y otros cascos agudos, protestando que no la dejarían hasta que fuesen oídos. Entre tanto, la niña no vuelve en sí y los síntomas se hacen más alarmantes. Sus padres no pierden la esperanza, gritan de nuevo y se imponen nuevas mortificaciones. Al fin pueden aplaudirse de su fe y de su perseverancia. La niña despierta como de un sueño profundo, llama a sus padres y cuando estos acuden se levanta ella y les sale al encuentro. En vano se buscan las señales de la caída; nada siente, nada tiene. La Santa lo ha remediado todo en un cerrar y abrir de ojos, y la familia marcha a pie a darle gracias del beneficio conseguido por su poderosa intercesión.

En Monteforte tenemos otro ejemplo semejante, pero de circunstancias menos aflictivas. Un niño de siete años acababa de lograr un pedazo de papel de lo que había servido para envolver una estatua de SANTA FILOMENA. Su fe se lo hacía mirar como una preciosa reliquia y se la puso sobre el corazón, debajo de la camisa. Pocos momentos después le tenemos en campaña: no se trata menos (¡pobre chico!, sin duda no pensó en ello) que de ir con otros compañeros a hacer una excursión asoladora a una heredad próxima; pero, apenas ha empezado, cuando se ven precisados a escapar porque aparece el dueño de la viña y nuestros ladroncitos hubieron de poner pies en polvorosa para no caer en sus manos. El nuestro del papel, que se llamaba Domingo Masullo, se aturde y no ve un valladar profundo, bien que lleno de anea muy alta, y cae en él de cabeza: veinte y cuatro palmos fue cayendo entre estas plantas y aún le faltaban otros cinco que tenía en el fondo de lodazal: aquí estaba el peligro y aquí hubiera encontrado la muerte si no hubiese invocado a SANTA FILOMENA; y si esta amable amiga de los niños no hubiese acudido a salvarle, reconocida a la fe que tenía en sus reliquias. La caravana, testigo de la desgracia, empieza a dar gritos que no tardan en llegar a la vecindad. Se acercan, llaman a Domingo y Domingo responde. Échanle una cuerda a toda prisa y le encargan (no se acordaban que solo tenía siete años) que se ate con cuidado para no caer cuando lo saquen.

Da la señal Domingo, tiran y en un momento se encuentra arriba. El buen muchacho estaba de perlas: no había por donde tomarle según el lodo que tenía sobre sí; pero bueno y muy alegre. Lo primero que llamó su atención luego que vieron que nada le dolía, fue la cuerda y el modo con que estaba atado. Les pareció liada con tanta habilidad, que no podían persuadirse fuese obra de un niño, y de un niño en situación tan embarazosa. Pregúntanle y calla sonriéndose. Después empieza su aventura y dice con el candor de su edad: «cuando me caía, llamé a SANTA FILOMENA y vino. Tenía un vestido blanco y la cara colorada y nuevecita: los cabellos como el oro: era de alta como mi hermana, la que tiene catorce años: la Santa me sacó del fango y me tuvo en sus manos más de una hora, hasta que bajó la cuerda y la Santa me ató con ella, como veis». Empezaba este lío sujetándole los muslos; después daba varias vueltas al cuerpo, pasaba por debajo de los brazos y venía a hacer el tiro por medio de dos nudos por detrás del cuello; pero todo de manera que no le comprimía, ni dañaba en parte alguna. Hízose otra observación no menos interesante, porque se vio que fue respetado el pedazo de papel que llevaba Domingo, estando él calado enteramente y penetrado del agua fangosa su pobre vestido, que consistía en una mala camisa y un pantalón todavía peor. Solo la reliquia se halló perfectamente seca y sin la menor alteración. Ocurrió esto en el mes de julio de 1832.

Veamos otro acaecido en Mugnano en el año anterior y que contiene una buena lección. Una niña llamada Filomena, de edad de cinco años y de la familia de los Magnotti, se salió a jugar. La pobre criatura se veía muy incomodada del sol (era en el mes de agosto); pero ella se arregló muy bien para defenderse, porque no le quedaba más ropa qué ponerse en la cabeza. Sin duda no le enseñaron bien las reglas de la modestia o, lo que será más cierto, las olvidó en esta ocasión. A cosa de las diez de la noche, cuando sus padres la creían muy dormida, la oyen sollozar y gritar: dejan su trabajo, acuden a la cama de la niña y Filomena, contestando a las preguntas que le hacen, dice: «ha venido la Santa y me ha despertado: estaba enfadada conmigo y me ha dicho: "Filomena, ¿es este el modo de estar en la cama?, ¡qué falta que has cometido! ¡Guárdate de cometerla otra vez!"». Después, mostrando la puerta, dijo que acababa de salir cuando sus padres entraron por ella. La inocente niña retuvo muy bien la lección desde este día, porque se la vio constantemente modesta: y cuando estaba algo terca, bastaba amenazarla con que se le quitaría el vestido para entregarse con la mayor docilidad. Véase aquí la prueba más sólida de la realidad de la aparición: el *buen fruto* que produjo y del que dice nuestro Señor JESUCRISTO *que solo se cría en el buen árbol*. Todos pueden cogerle o, por mejor decir, no hay ninguno que no deba hacerlo. *Que vuestra modestia*, dice San Pablo a los cristianos, *que vuestra modestia sea conocida de todos los hombres porque no está lejos de vosotros el Señor.*

— — — —

Quinta Serie de Milagros
Varios prodigios obrados por la intercesión de
Santa Filomena[33]

———

Empiezo por un prodigio bastante singular. Iba Don Francisco a la Iglesia a celebrar el Santo Sacrificio de la Misa,[34] cuando ve venir

---

[33] Cuando se refiere algún milagro es muy fácil exclamar: ¡milagros! Decid más bien ilusiones… Es muy fácil también extasiarse al oírlos, y admitirlos todos indistintamente. Pero no es este el modo con que procede la prudencia cristiana. Ella cree los milagros, pero no todos; y aun cuando le parezca que tiene fundamento para creer, la humildad, que la aconseja y la dirige, la mantiene en cierta especie de desconfianza de su propio juicio, hasta que la Iglesia baya sancionado con su aprobación la verdad de estas obras maravillosas. Con estos sentimientos escribimos lo que nos resta qué decir de nuestra TAUMATURGA.

[34] Este virtuoso Misionero vive todavía, según resulta de una carta que hemos recibido de un Español, no menos respetable por su carácter, que recomendable por su juicio y extensión de conocimientos. Nos favorece con algunas noticias de nuestra Santa y juzgamos no deber privar de ellas al lector, seguros de que las recibirá con agrado. A este fin extractamos de la mencionada carta lo siguiente.

Nápoles 28 de febrero de 1835.

… Ayer recibí su deseada de 7 de este mes; pero como aquí están vigentes las precauciones de Sanidad por temor al cólera de España, ha borrado el vinagre casi todo lo escrito y solo he podido leer, aunque con trabajo, algunos encargos con que me favorece con respeto a SANTA FILOMENA. De lo demás de la carta, nada absolutamente he podido entender, aunque la tengo en agua y he practicado otras diligencias *(Leyó todo lo concerniente a este asunto)*.

Vamos a nuestra Santa. No se ha equivocado V. Mugnano del Cardenal dista de aquí unas veinte millas *(siete leguas escasas)*. Ya he ido allá dos veces. La Iglesia es muy bonita y la Santa está en una capillita, vestida como se usa con los mártires. Ha mudado de postura algunas veces y actualmente está como manifiesta la adjunta estampa *(Es la misma que ha servido para grabar la lámina con que se ha tirado la que lleva cada tomo)*.

a su madre, que le dice toda azorada: «Aguárdate un poco, que he de manifestarte una cosa: no puedo menos de decírtela». «Pues diga usted», le contesta el hijo; y con esto empieza a referirle un sueño o una visión que había tenido aquella noche. «Yo veía a la Santa, dice, como preparándose para marchar y, temiendo que quisiese dejarnos, lloraba con otros vecinos del pueblo, y le suplicamos que se estuviese con nosotros. Entonces ella, con los acentos de la más amable bondad, nos tranquilizó diciendo que estaría de vuelta al día siguiente; pero que la familia Terrés, a quien estaba muy obligada, se veía en grande peligro y exigía el reconocimiento que fuese a defenderla».

Don Francisco miró esto como efecto de la imaginación: no obstante, después de reflexionarlo escribió sobre ello a la familia Terrés. Esta recibe la carta, y no puede menos de admirarse al ver estampado en ella un suceso en que faltó poco para que pereciese toda la familia en la noche anterior. Fue de esta manera. Se presentaron en la casa unos ladrones disfrazados de soldados extranjeros, cuyo lenguaje imitaban, pidiendo alojamiento. Se les niega cerrando la puerta y ellos empiezan a hacer fuerza para violentarla, lo consiguen y

---

La sangre, que no es más que las raspaduras del vaso en que estaba y que se rompió, sin duda, al cubrir el sepulcro, presenta diferentes y hermosos colores de esmeralda, topacio, rubí, oro, etc., y no siempre iguales. La primera vez que la vi brillaba mucho más sin comparación. El Sacerdote que nos enseñaba la reliquia lo notó y se sorprendió un poco. Es el mismo *(Don Francisco de Lucía)* que trajo la Santa de Roma y que ha escrito su vida... *(Véase el prólogo)*.

A pocos días de volver de Mugnano envió, en agradecimiento a una rica ofrenda, un relicario con un huesecito, y unos pocos de cabellos de seda de la Santa. Asegura con juramento que han crecido estos en el relicario y será forzoso creerlo porque es corriente en esta ciudad el crecimiento de la reliquia de igual clase que tienen los Padres Jesuitas en su magnífica Iglesia...

Supe la grave enfermedad que tuvo y aún aqueja a N... Mucho me alegraré que llegue pronto a sus manos esa estampita de la Santa. Estoy persuadido que le ha de alcanzar una salud completa porque en materia de prodigios es cosa extraordinaria: merece con justísima razón ser apellidada la Taumaturga del siglo 19.º También estoy convencido de que si la divina Providencia ha reservado para estos tiempos el descubrimiento del sagrado cuerpo de esta ilustre Virgen y Mártir, no es sin grandes designios sobre su Iglesia...

En punto al año del martirio, nada hay aquí averiguado; bien que no falta afición a investigaciones de esta especie, pues sobre un tintero que vi en el Museo Borbónico, hallado en Pompeya (cuyas ruinas y las de Herculano he visitado) ha escrito un anticuario nada menos que dos tomos.

amenazan llevarlo todo a sangre y fuego. Iban a verificarlo, cuando un incidente, dirigido por el Cielo, desconcierta sus proyectos sanguinarios. Apenas vieron los Terrés el peligro, se acogieron a SANTA FILOMENA implorando su auxilio. No, decían ellos, no nos abandonará: pidámosle con confianza, que ella nos sacará del peligro. No fue vana su esperanza. En el momento en que derribadas una y otra puerta, empezaban los sicarios a subir la escalera, se oyen a la parte de fuera de la casa muchas voces conocidas que gritan a un tiempo: «¡luz!, ¡luz!, ¡aprisa!, ¡aprisa!, ¡venga una luz!». Estos gritos repetidos muchas veces, y oídos de los de la casa y de los ladrones, aseguran a unos y espantan a los otros, de modo que cesó el peligro en un cerrar y abrir de ojos. Huidos los ladrones, vio la familia Terrés entrar en su casa muchos de sus amigos. La admiración y el regocijo animaban a un tiempo aquella reunión. Se refieren los lances y las circunstancias y, si parece singular la una, la otra parece más. En fin, llega al día siguiente la carta de Don Francisco y su lectura aclara el misterio. La familia Terrés, los vecinos y los amigos, que sin saber por qué fueron aquella noche tan tarde a la tertulia, reconocen en ello el dedo de la Santa y le dan gracias con toda la efusión de su corazón.

Por esta vez acudió invisible al socorro de los que la invocan; otras se presenta visiblemente. Un Leñador de Sirignano llamado Carlucio Napolitano tenía grande confianza en la Santa, pues por su tierna devoción había conseguido de ella muchos y singulares favores. Este buen hombre llevaba siempre consigo una estampa de la Santa y cuando se veía en algún apuro la tomaba y con la mayor confianza le manifestaba las necesidades de su corazón. Hallábase de viaje y, sorprendiéndole la noche, se albergó en una venta. Pronto recayó la conversación sobre SANTA FILOMENA y él sacó entonces su imagen para mostrarla a los que estaban presentes. Agrada a uno de ellos y le ofrece por ella dos monedas, otro le ofreció tres, después cuatro, cinco, hasta doce; pero Carlucio responde que no la da ni por un escudo romano, y en seguida la metió en su cartera.

Madruga al día siguiente y se dirige a una aldea llamada el Sorbo, donde había de trabajar. Al atravesar un bosque se extravía y, no sabiendo ni a dónde va ni dónde se halla, su corazón se acoge a la Santa y empieza a hablarle en estos términos: «¿Qué es esto, mi querida Santa? Ayer no quise darte ni por una buena suma de dinero, prefiriendo a todo tu compañía: ahora me veo perdido en este bosque: ¿cómo no vienes a sacarme del apuro?». Aún no había acabado estas palabras, cuando ve venir hacia él una joven como de trece años, vestida de azul, y tan modesta como bella. Míralo, y le dice: «¿Qué tiene, buen hombre? ¿Qué le sucede que está triste?». Carlucio le manifiesta su embarazo. «Eso no es nada, le contesta ella: sígame, que yo lo pondré en camino»; y, diciendo esto, echa adelante como para indicarle la senda. Andando iban y nuestro leñador, un poco maravillado de la aventura, empieza a decirse a sí mismo: «¡mira tú si es grande la bondad de Santa Filomena! Apenas la invoco, viene a socorrerme: porque al fin, ¿puedo dudar de que ella es quien me ha enviado esta joven tan amable?». Caminaba entretenido en estos piadosos pensamientos, cuando se detiene la joven, se vuelve a él y le dice: «Ahora siga este camino por espacio de una milla; después encontrará una mujer con una cesta en la cabeza: va al mismo pueblo y en su compañía llegará a él pronto». Carlucio le da las gracias muy reconocido y se separan. Poco después volvió la cabeza para ver qué rumbo tomaba esta caritativa señorita; pero ya no la vio y, sin discurrir más, continuó su camino.

No tardó mucho en verse en el mismo embarazo, porque se halló en una encrucijada ¿Qué senda escoger ahora de las que tiene delante? No lo sabe. De repente, alza la vista y ve venir hacia él la mujer de que le habían hablado: no puede equivocarla, porque trae la cesta en la cabeza. «¿Sabe usted, le dice, cuál de estas sendas va al Sorbo?». «¿Al Sorbo?, responde la aldeana: ¿que si sé el camino? ¿No lo he de saber, si es mi pueblo? Venga usted conmigo, que yo lo guiaré». En efecto marchan juntos, y dentro de poco llegaron a él. Entonces fue cuando se abrieron los ojos de Carlucio. «¿Qué tenía qué hacer, decía él, una joven tan modesta, tan bien criada y vestida con tanto aseo en el descampado que yo me hallaba? ¿Cómo pudo adivinar mi apuro y casi leer mis pensamientos? ¿Cómo pudo prever lo que iba a sucederme y pintarme tan exactamente la mujer que encontraría, la carga que llevaba y que el término de mi viaje era también el suyo? No, esto no es casualidad: no hay remedio, he visto a Santa Filomena en persona, y ella misma es la que me ha sacado de mi pena». Este buen hombre estuvo como fuera de sí por espacio de muchos días; y su corazón se inflamaba muy fácilmente en amor y tierna devoción a su celestial Compañera.

No es menos singular otro suceso ocurrido en Ariano el año de 1831. Fue conducido un Caballero ante el tribunal como reo contra la ley que lo sujetaba al servicio militar. No era fundada la acusación, porque tenía exención legítima y bastaba para probarlo presentar la certificación que obraba en su poder. Nada, por tanto, más urgente que buscar este documento: desgraciadamente, por más vueltas que da a sus papeles, la certificación no parece. Llega el día de la comparecencia y no había más alternativa que o marchar a la mañana siguiente al regimiento o quedar en una prisión. ¿A quién se acoge? No hay que contar con los medios humanos; solo la Providencia... ¡Eh!, ¿y quién podrá dudar de su bondad y de su poder? Nuestro buen caballero acude a ella y para más obligarla interesa a SANTA FILOMENA en su favor... «Sí, exclama dejándose caer fatigado sobre una silla: sí, gran Santa, tú sola puedes librarme de esta agonía»; y mezclando las lágrimas con su oración se queda dormido.

Le parece, entonces, que ve a la Santa y le dice: «No te aflijas, parecerá tu certificación. Ve a la ermita de San Pedro (distante de Ariano cerca de una milla). Junto a la pila del agua bendita hay un arca: ábrela; en un lado encontrarás una estampa de la Anunciación y en el otro el papel que buscas... Despierta sobresaltado y, sin perder momento, echa a andar para la ermita. Encuentra algunos obstáculos, mas pronto los vence todos. Entra en la Iglesia: ve el arca: va a abrirla, pero está cerrada con llave: descerrájala, abre y encuentra la estampa de la Anunciación y su certificación. «¡Ah!, exclama. ¡No era un sueño vano!... ¡Oh, bendita sea mi Santa Protectora!». Vuélvese a Ariano y con el papel en la mano publica en las calles y en las plazas el prodigio de que ha sido objeto.

Más maravilloso y no menos cierto es lo que voy a referir ahora. ¡Ojalá saquemos el fruto que, sin duda, intenta el Señor con esta lección! En un pueblo, cerca de Nola, vivía una mujer casada y muy devota de SANTA FILOMENA. Tenía cerca de treinta años. Su familia acostumbraba a hacer anualmente una fiesta con mucho aparato a la Santa. Esta mujer tuvo una enfermedad peligrosa en 1830 de resultas de un parto. Agravada y sin conocimiento, luchaba ya por espacio de tres días con las agonías de la muerte; su familia se ocupaba de los resultados. El pueblo, a quien interesaba mucho su conservación, dirigía al Cielo fervorosas oraciones y se quejaba de SANTA FILOMENA, acusándola del poco celo que mostraba en esta ocasión, puesto que, según su modo de discurrir, se interesaba en ello su honra. «Pues cuando, decía, se prepara vuestra devota a haceros una fiesta magnífica gastando su dinero para haceros un hermoso cuadro, y que todo el mundo edificado de su generosidad os pide su salud; vos la dejáis morir...».

Entre tanto, ni las oraciones ni los llantos hacen retroceder el mal. Iba a expirar al fin del tercer día de agonía y, de repente, se oye un gran ruido ocasionado por las caballerías que había en la cuadra. Los que rodean a la moribunda temen que este estrépito acelere la muerte porque la cuadra caía precisamente debajo de la habitación, y acuden todos a apaciguar a aquellos animales, para subir después inmediatamente. «Ya estará muerta», decían al volver… ¡Estaba completamente buena! Al verlos, exclama con una voz fuerte y sonora desde la cama en que estaba sentada: «Vengo del otro mundo,[35] y debo mi salud a SANTA FILOMENA. Llamad a todos los de casa, que quiero referiros lo que he visto, para que admiréis conmigo el poder de esta Santa… Pero… ¿dónde están mis hijos? que vengan aquí: venga aquí todo el mundo…». Inmediatamente la obedecen, y viejos, niños, algunos Sacerdotes que había en la casa, todos acuden para ver a la resucitada y oír las maravillas que prometía contar.

Cuando estuvieron reunidos, empezó dando gracias a SANTA FILOMENA y en unos términos que manifestaba bien su vivo y profundo reconocimiento. Después dijo: «apenas acabé de expirar, me encadenaron dos demonios, y me llevaban consigo… (a estas palabras aparece en los semblantes de todos la palidez del terror). Llamo entonces a SANTA FILOMENA y acude vestida de blanco y tan hermosa como yo no puedo explicar (aquí un gozo indecible se deja ver en sus ojos y en todo su semblante). Díceme: "no temas, que estoy yo aquí para defenderte": después, volviéndose a los demonios: "¿qué hacéis vosotros aquí?, esta alma es mía": y desaparecieron. Entonces, como me veía toda temblando, me toma de la mano y hace esfuerzos para tranquilizarme, repitiéndome con una sonrisa celestial que dejase de temer, que me prometía su mediación. En esto llegamos a la presencia del divino Redentor que, al verme, bajó los ojos y puso un semblante severo. Entonces temblé más que nunca; pero la Santa, siempre sonriéndose, procuraba animarme y tomando la palabra empezó a abogar por mí.

—Esposo mío, dijo ella a JESUCRISTO, conviene a vuestra misericordia que esta alma tan decidida por mí vuelva a la vida para que se aplique mejor al negocio de la salvación. Nació en el seno de una familia numerosa y las ocupaciones la absorbían todo el tiempo, dejándole muy poco para atender al cuidado de su alma: después se casó y nuevas y mayores ocupaciones recayeron sobre ella; de modo que ni podía oír una misa con devoción, ni rezar un rosario con

---

[35] Este modo de hablar, que en su boca tiene alguna propiedad, solo indica la visión que tuvo.

tranquilidad de espíritu: os suplico, pues, que vuelva a la vida para que pueda cumplir mejor con estas obligaciones…

Nuestro Señor permaneció inmoble, sin responder una palabra. La Santa vuelve otra vez a hablar, y añade:

—Esposo mío, aún viven sus padres, que son muy ancianos; ella los cuida; y si les falta, ¿qué será de su vejez?

Esta nueva razón alegada por mi Santa Patrona fue oída del Soberano Juez con la mayor indiferencia. Su silencio y su severidad eran para mí unos verdaderos rayos; y, aunque la Santa procuraba animarme con su sonrisa dulce y graciosa, yo no podía hacerme superior al espanto de que estaba penetrada… Vuelve por tercera vez a mi defensa.

—Señor y querido Esposo, continúa ella, tiene tres criaturas inocentes: ¿qué va a ser de ellas si les falta su madre? Se perderán…

El mismo silencio en el Juez, la misma severidad.

—Señor, acordaos que sirve de madre a dos ministros pobres de vuestros altares…

Tampoco recibió contestación alguna. Entonces se inflama con nuevo celo y exclama en tono resuelto:

—Mi Esposo querido, traed a la memoria lo que padecí por vuestra gloria y particularmente las injurias, los malos tratamientos y la ignominia que me hicieron padecer en Roma. Si esta persona no vuelve a la vida, perderé el concepto en el país; y yo soy muy celosa de la honra que me dan con sus fiestas: no quiero verme privada de ella…

Profirió estas palabras con tanto fuego, que el Soberano Juez se dio por entendido y, cambiando la severidad en un aire de complacencia divina, dijo en fin estas palabras: "Haz como deseas". Desde este instante ya no puedo decir más sino que me encuentro en mi cama en completa salud». En efecto, cesó la enfermedad desde este momento y en él empezó también la afluencia de una multitud de personas que acudían a cerciorarse del prodigio por sus ojos. Los resultados fueron maravillosos, porque la relación que hacía la mujer producía en los corazones los más saludables efectos: se aumentó la devoción a la Santa y los habitantes del pueblo resolvieron erigir en honra suya una grande y bella estatua.

En 1831 llegó por la primera vez a Martorano, ciudad de la Calabria ulterior, una relación de los milagros de la Santa. Leyola con piadosa ansia un canónigo llamado Don Nicolás Lanza y empezó a publicar por todas partes el poder de la nueva TAUMATURGA. Su nombre y sus alabanzas volaban de boca en boca. Oye la relación de tantas maravillas una pobre viuda, a la sazón bastante afligida, y siente dilatársele el corazón. Tenía una hija llamada Rosa Milano, a quien los auxilios de la medicina no habían podido aliviar en sus dolencias. Cada día se encontraba peor y, por último, llegó a tal punto que la pobre doncella se quedó muda. En esta consternación se hallaban la madre y la hija cuando oyeron por primera vez el nombre de SANTA FILOMENA. Exhórtanlas a que vayan a casa del canónigo Lanza.

Van, en efecto, y le suplican que sea su mediador con la Santa para conseguir una cura imposible al hombre. El humilde Sacerdote se niega desde luego a su solicitud; pero fueron tan vivas las instancias de parte de las dos mujeres afligidas, particularmente de la paciente que, llena de lágrimas, le mostraba su lengua desecada, que se resolvió a hacer alguna cosa para contentarlas. Toma el libro, despliega la imagen y la aplica a la cabeza de la joven que estaba arrodillada a sus pies: pide a Dios el remedio por los méritos y padecimientos de la Santa Mártir y sin otra reflexión dice a la muda: «Rosa, ¿cuánto tiempo ha que no hablas?». «¡Ah, ah, ah!, responde, hace tantos días», e indica exactamente el número. Continuó hablando con singular facilidad y con la admiración que se deja conocer de cuantos la veían y comparaban con su anterior estado, mayormente no ignorando tampoco la decisión de los médicos sobre la imposibilidad física de restituirle el don de la palabra.

Hablemos ahora de la libertad de un hombre condenado a muerte. Se llamaba Peregrino Ruocco. El tribunal especial y sin apelación de Avellino acababa de condenarle a la pena capital, y a otros dos cómplices; no se dice por qué delito. Intimada la sentencia, solo se pensó en disponerlos para una buena muerte. Debía ejecutarse el 19 de agosto de 1832. Este miserable tenía en la ciudad una tía que lo amaba entrañablemente. Llega a su noticia la sentencia fatal y, sin detenerse y en compañía de otras personas piadosas, se va a la Iglesia para rogar a Dios por su desgraciado sobrino. Se celebraba a la sazón un triduo solemne en honra de la Santa Mártir; y después de haber implorado el socorro de la Reina de las Vírgenes se dirigen estas mujeres llenas de fe al altar de SANTA FILOMENA y le piden a gritos y derramando lágrimas que se interese por el sentenciado. Las gentes de que estaba llena la Iglesia no pudieron menos de desaprobar su conducta. «¿A qué viene, decían, pedir el perdón de un criminal después de dada la sentencia? ¿No valía más haberla prevenido? ¿Qué medio hay ya para conseguir esta gracia?». Así discurría el pueblo; pero la buena tía pensaba de otro modo.

Persuadida de que nada hay imposible para Dios y sus Santos, vuelve a su casa y, postrada ante una imagen de SANTA FILOMENA, insiste con fe en pedir la gracia para su desdichado sobrino. Entonces le parece oír una voz interior que la dice: «Marcha a Nápoles, échate a los pies del Rey y conseguirás lo que deseas». Como no sabía de dónde podría venirle esta orden, prosigue en su oración; pero cuanto más ruega, más claramente oye la misma voz: empieza, en fin, a ver en esto alguna cosa sobrenatural; pero la detiene una dificultad: se le pone en la cabeza que jamás podrá llegar al término de semejante empresa. La divina luz disipa esta cavilación: decide el viaje, sale de Avellino a las siete menos cuarto de la mañana del mismo día y, después de haber corrido treinta millas (diez leguas) llega a Nápoles a la media noche.

El sentenciado, que nada podía saber de los proyectos de su tía, se encomendaba con mucha fe en esta misma noche a la Santa Mártir y, habiéndose quedado dormido, le pareció verla y que le decía estas palabras: «procura estar contento; no temas: estarás en la horca; pero sabré arrancarte de las manos de tus verdugos». Despierta e inmediatamente participa a sus compañeros este sueño favorable. El gozo que animaba su rostro descubría bien el que había en su corazón: nada era capaz de entibiar su confianza.

Entre tanto la tía se veía en grande embarazo. Estaba conseguida la audiencia y hecha la súplica; pero no se podía ver al Rey hasta las dos de la tarde y la sentencia debía ejecutarse a las cinco de la misma. No importa, Dios lo puede todo. Se había conseguido la gracia contra toda esperanza humana y solo faltaban las formalidades legales; pero, si es necesario un milagro para que llegue el perdón antes de ejecutarse la sentencia, lo hará SANTA FILOMENA. Es imposible dejar de ver aquí los cuidados de Dios en realzar la gloria de su Sierva porque, en vez de expedirse el decreto inmediatamente, como era indispensable en término tan angustiado, se dejaron correr aún dos horas mortales. Dan las cuatro (solo falta una hora para la ejecución) y el Rey se acuerda, entonces, que ha hecho una gracia y no ha expedido el decreto: hace buscar el memorial; no se encuentra. Repasa su memoria para acordarse siquiera de los nombres (porque se pidió y obtuvo el perdón para los tres); pero por más que se fatiga, solo se acuerda de uno, de Peregrino Ruocco y, sin detenerse más, despacha a uno de sus edecanes para que a toda prisa se comunique por el telégrafo el perdón de éste.

En Avellino estaba todo en movimiento para la ejecución de la sentencia: salen de la prisión, avanzan hacia el suplicio y llegan. En el mismo momento se pone a trabajar el telégrafo para recibir un parte que anuncia el inmediato. *Orden del Rey: que se suspenda...* El director titubea: le ocurre que puede tratarse de los sentenciados y, encargando al regente que acabe de recoger el parte, marcha a toda prisa al lugar del suplicio y a gritos (pues no había lugar a otra formalidad) intima de orden del Rey una breve suspensión. Era el caso tan extraordinario que la autoridad que presidía de ningún modo quería acceder. Aún estaban disputando, acalorados, cuando llega el regente con el parte íntegro. *Que se suspenda la ejecución de Peregrino: lo perdona el Rey.* ¡Ah! ¡Solo él invocó a SANTA FILOMENA, y solo él se salvó!... El infeliz estaba en la escalera: danle la noticia y, no pudiendo con el peso de tanta dicha, se desmaya y queda tendido en ella. Vuelve en sí, y se encuentra con la vida, con la honra y con la libertad: todo se lo ha vuelto su admirable Protectora. «¡Gran Dios, qué no puede vuestra bondad!». «¡Qué no puede, cristianos, la fe que se nos ha dado!». Citemos todavía algunas pruebas de ello.

En el mes de octubre de 1832 se levantó una tempestad furiosa en el Golfo Adriático: dos buques naufragaron a la vista del mismo puerto. Extiéndese la noticia por la ciudad (Vieste) y acuden las gentes a la ribera. El espectáculo era horroroso: en vano se ensayan los medios para salvar a los náufragos porque no permite el furor de las olas acercarse a ellos: sus gritos traspasan los corazones; pero los auxilios están reducidos a lágrimas y estériles deseos. Viéneles a la memoria SANTA FILOMENA, y este nombre dilata el corazón de aquellas almas consternadas. «La TAUMATURGA lo puede todo: ella salvará a los infelices que nos imploran». Pronto se hace general el grito: el nombre de SANTA FILOMENA sube al cielo y desprende de él el milagro deseado, pues los desgraciados náufragos se encuentran dentro de pocos instantes en tierra sin saber cómo, ni por dónde una mano invisible los ha conducido a ella: sus bendiciones se mezclan con las de sus compatriotas: todos reconocen una misma Bienhechora.

Pero el prodigio no es aún completo: aún quedan corazones afligidos. El patrón de uno de los barcos, llamado Paul de Aposto, mira y no ve a sus dos hijos, el mayor tenía ocho años: ambos eran el juguete de las olas a grande distancia del puerto. Se cree divisarlos a lo lejos; ¿pero qué remedio para salvarlos? El mismo empleado con tan buen éxito. «¡SANTA FILOMENA, acabad la obra!, ¡salvad a estas pobres criaturas!» era el sentimiento y el grito que se oía en la ribera. Dios quiso, para mayor gloria de la Santa, que uno de los chiquitos se encomendase también a ella: fue el más pequeño que, acordándose en el peligro de la estatua milagrosa de SANTA FILOMENA colocada en la Iglesia de Capuchinos, acudió a ella y le dijo: «¡Virgen nueva que has venido a los Capuchinos de Vieste, compadécete de nosotros, sálvanos!». Y mientras que su hermano lucha a su lado con las olas, mientras que su padre consternado levanta las manos al cielo y el pueblo animado de viva confianza en la Santa persevera en su oración... he aquí que como por encanto se ve salir a los muchachos de entre las olas espumosas: se lanzan al puerto en medio de la multitud asombrada y mil gritos de alegría y de reconocimiento proclaman la bondad del Señor y el poder de su gloriosa Sierva.

El poder que SANTA FILOMENA ha recibido de Dios y que resplandece con tanto brillo en otra multitud de prodigios, que omitimos por brevedad, es tanto más admirable cuanto que alcanza hasta la voluntad de los hombres, obrando en ellos súbitas e inesperadas mudanzas. Citaremos un solo ejemplo. El culto de la Santa se propagaba en Mecina por el celo del Canónigo Don Nicolás Lanza, de quien hemos hablado. Uno de los medios de que se servía para ello era la distribución de oraciones a la Santa impresas. Repetidas veces obró prodigios el Cielo en favor de esta devoción. El año de 1832 pidió al Canónigo una de estas oraciones una religiosa llamada Sor Concepción. Dásela, y ella la envía a una mujer sumamente afligida por la vida escandalosa de su marido. Este desgraciado, despreciando las sagradas obligaciones que contrajo en los altares y sin miramiento alguno ni a su esposa ni a su familia, a quienes deshonraba con su infame conducta y empobrecía al mismo tiempo, mantenía con otra mujer una amistad criminal. Nada había alcanzado a reducirle; tan ciego estaba que, aunque su familia se hallaba necesitada, olvidando la obligación sagrada de sustentarla, iba con el fruto de su trabajo a consumirlo con el objeto de su pasión depravada.

La pobre mujer recibió el regalito de la monja en ocasión que su marido iba a salir para ir a la casa acostumbrada. Debía llevar allá (¡ni aun para esto se recató de su infeliz esposa!) una pieza de muselina que esta tenía para hacerse un vestido. Ella, entre tanto, no pierde tiempo y favorecida seguramente de la Santa, cuyo auxilio implora, introduce furtivamente el papelito por el forro del sobretodo de su marido y quédase orando mientras el otro sale para su destino. No había andado muchos pasos cuando, ofuscado de una multitud de pensamientos que de tropel confunden su espíritu, se para y siente por la primera vez los remordimientos. Se avergüenza, se indigna contra sí mismo, vitupera su conducta y renuncia a su designio. «¡Qué!, decía sollozando, ¿he de ser eternamente el juguete de esta pasión insensata y criminal? ¿He de vivir siempre como un hombre sin conciencia y sin honor? ¿No es de mi esposa esta tela? ¿Por qué he de alegrar yo al infierno y entregarme víctima del demonio? ¡Por cierto que es bien vergonzosa esta locura!...». Desde allí mismo retrocede, entra en su casa, pone la tela en manos de su esposa y vuelve la paz y la alegría al seno de aquella infortunada familia: queda roto el comercio criminal y nada falta, ni para la felicidad de los dos esposos ni para el triunfo de SANTA FILOMENA.[36]

A últimos del mes de julio del mismo año de 1832 hubo un terrible huracán que hizo grandes estragos en la Apulia. A una pobre viuda llamada Ana María de Filipo la sorprendió en el campo, de camino para Foggia donde habitaba: llega al pueblo y, al pasar por la Iglesia de Jesús-María, cae sobre ella uno de aquellos torbellinos en que pereció tanta gente: (en Roma, donde me hallaba en aquella época, lo leí también en los periódicos) la levanta del suelo y la despide con fuerza, vuelve a cogerla de nuevo, la hace dar vueltas con violencia, le roba el calzado y parte de sus vestidos, la hace rodar y, arrojándola ya a un lado ya a otro, hace temer que sea víctima de estos golpes violentos. Viéndose la desgraciada presa del huracán, cuyo furor crecía por momentos, espantada y sin alientos, se encomienda a la Madre de los Dolores y a SANTA FILOMENA, cuyo cuadro y capilla se acuerda haber visto en la iglesia inmediata. Déjala un momento el torbellino y

---

[36] ¡Oh cuántos de estos papelitos, exclama aquí nuestro Autor, sería necesario sembrar en las familias! Porque, ¿quién puede ignorar el deplorable estado de las costumbres en nuestros días?

A esta justa reflexión añadiré dos palabras. Estas oraciones no bastarían por sí solas sin una fe semejante a la de la mujer de que acabamos de hablar para animarlos, por decirlo así, con su espíritu divino. ¡Ay! ¿No tiene la generación presente los mismos medios de salud y de conversión? ¿Han perdido por ventura algo de su eterna eficacia? ¿No descienden todos como un agua viva de las llagas de Aquel que dice: *Yo soy la resurrección y la vida*? ¿De dónde procede pues, que vemos tan pocos efectos? De que falta la fe, como en Nazaret, para vivificarlo todo con su necesaria influencia: *Et non poterat ibi virtutem ullam facere, propter incredulitatem eorum.*

se aprovecha para llegarse a la puerta del templo, pero la encuentra cerrada. «¡Dios mío!, exclama, buena SANTA FILOMENA, compadécete de mí: ábreme esta puerta, que voy a morir sin sacramentos!». Dijo, y se abre la puerta lo suficiente para que pueda entrar. Al mismo tiempo oye una voz que le dice: «Ana, Ana, entra aquí; entra aprisa; yo soy quien te ha abierto».

En estos mismos términos refería la buena viuda el prodigio a las muchas personas de que, pasado el huracán, se vio rodeada. La puerta, cuyas llaves tenía el sacristán, permaneció abierta, siendo bien cierto, por el testimonio de este y por la costumbre, que estaba cerrada. La pobre mujer, calada de la abundante lluvia y con el escaso vestido, y este roto, que le dejó el huracán, afirmaba lo que acabamos de decir en términos que no dejaron ninguna duda, concurriendo otras muchas circunstancias que omitimos, a apoyar la verdad de su relación. En fin, pareció a todos tan bien probado este singular suceso que se justificó en forma y quedó en el archivo de Foggia para perpetua memoria.

Todas las cosas obedecen al poder de Dios o, como dice el Profeta: *faciunt verbum ejus*. He aquí una prueba bien evidente. Disponíanse las cosas en Mugnano para celebrar con solemnidad el aniversario de la traslación de la Santa. El concurso era prodigioso y la alegría universal cuando hacia el medio día de la víspera se presenta un escuadrón de caballería con orden de detenerse en la villa y que sea mantenido a expensas de sus vecinos. Esto era fruto de una intriga urdida en Nápoles por el celo del infierno y la malicia de sus agentes. Se hizo correr en Nápoles la especie de que el pueblo de Mugnano intentaba una sublevación para derribar el sistema y que estaba a punto de estallar. Por consiguiente, la primera disposición del jefe de la fuerza fue prohibir la celebración de la fiesta y, principalmente, la procesión en que debía llevarse la estatua de la Santa. Esta providencia llenó a todos de consternación. Naturales y forasteros, penetrados todos de amargo disgusto, no pudiendo comprender la causa de una medida tan severa como impía, corrían a desahogar su aflicción a los pies de su Santa Protectora.

Escucha la buena Santa sus quejas y se da prisa a favorecer sus piadosos deseos. *El Señor, en cuyas manos está el corazón de los que gobiernan*, muda de repente la voluntad del comandante: revoca la orden, se celebra la fiesta y se hace la procesión. Y en último resultado, la tropa enviada con miras hostiles, no ha venido sino para dar nueva pompa a la solemnidad, concurriendo a que se haga con el mejor orden y haciendo ver los sentimientos religiosos de que ella misma estaba animada. Oficiales y soldados, en la más bella disposición y actitud respetuosa, se mezclan con el pueblo y obsequian con él a la santa estatua: la música marcial se reúne a la de la ciudad: una sola alma, una sola voluntad, un solo sentimiento se ve en todos para mayor gloria de la Santa en este día: y, como si no fuese bastante este primer triunfo contra los viles calumniadores, el comandante, convencido por sus propios ojos, manifestó públicamente su satisfacción por el buen espíritu que había encontrado en el pueblo de Mugnano: reprobó como falsa y absurda la delación hecha al gobierno: y para acreditarlo con sus obras, que son la mejor prueba, dio la orden a la columna para marchar al día siguiente, como en efecto la vimos partir la mañana del mismo para Nápoles, dejando a Mugnano la prueba evidente y palpable de lo que dice el Rey-profeta: «No se acercará el mal a su persona, ni a su casa el azote, porque el Señor ha mandado a sus Ángeles (y a sus Santos) que velen sin cesar y guarden en todos sus pasos a los que ponen en él su confianza. Por eso se les verá caminar sobre el áspid y el basilisco, y pisar al león y al dragón, y no les harán daño».

Concluyamos este artículo con otro rasgo verdaderamente prodigioso.

Se rompió la campana mayor de la Iglesia de Nuestra Señora de las Gracias, donde está la Capilla de la Santa y desde luego se trató de fundirla de nuevo. Nada perdonó el buen pueblo de Mugnano para que la nueva campana correspondiese a sus piadosas intenciones. Se buscaron los campaneros más hábiles y se les manifestó el grande interés que había en que la obra saliese perfecta. Dios mismo fue importunado para que bendijese el trabajo; y, en cuanto a la Santa, creyeron interesarla irremediablemente acordando dedicarle la campana, en la que había de estar grabada su imagen. Todo iba saliendo como se deseaba y la campana se fundió en el mes de mayo de 1831. Descúbrenla luego que estuvo fría y lo primero que se ofrece a la vista es una imperfección tal, que la hace absolutamente inútil, pues por la falta de material salió con un asa menos, siendo indispensable por consiguiente nueva fundición y nuevos gastos que no podía soportar el pueblo.

Sobrevienen las quejas, el descontento y aun las amenazas, como es ordinario en semejantes ocasiones. «¡Qué lástima de campana, tan hermosa como era! ¡Y la imagen de la Santa… ya no saldrá otra tan perfecta! Pero ¿por qué no habrá impedido esta desgracia?». «¿Por qué? decían otros; porque querrá hacer algún milagro». Había quienes, pasando más adelante, decían que era preciso obligar a la Santa a que remediase el daño, pues se les oía decir delante del Santuario: «¿Y dónde está vuestro crédito? ¡Qué! ¿Ha de tener la campana vuestra imagen y no habéis de hacer caso? ¿Qué se dirá de esto? No hay remedio, lo pagará vuestro nombre y vuestra gloria». Otros, con celo menos ilustrado, la tomaban con los maestros, acusándolos de no haber querido corresponder a la confianza y al interés del pueblo. «Por ganar más, decían, nos han burlado de este modo: si no teníais confianza en vuestra habilidad, ¿por qué no lo dijisteis? ¿Para esto tan bellas protestas? Ello es que las promesas magníficas han venido a parar en pagarlo nosotros y solos nosotros».

Con estas quejas iban las amenazas, de modo que los maestros, temiendo algún grave insulto, no se dejaban ver en público y aguardaban la noche para huir del pueblo. Las quejas en verdad no tenían fundamento sólido, porque los maestros eran hombres de bien y muy religiosos: su habilidad en el arte era pública y notoria. Pero al fin es necesario que todo el que sigue a JESUCRISTO lleve su cruz; y estos hombres, para hacerla más llevadera acuden a la Consoladora de los afligidos, suplicándole los ampare por la intercesión y méritos de SANTA FILOMENA. En especial, el director, como más herido, oraba con todo el fervor de que era capaz, sintiendo no sé qué especie de confianza en su corazón que, por lo que se vio, era la aurora de un favor muy singular.

Eran las cuatro de la mañana, cuando nuestros campaneros oyen cierto ruido que, por ser la hora tan tranquila, les llama la atención, no sin sobresalto. Su imaginación se acalora, temen que el pueblo amotinado viene a apedrearlos y se creen perdidos. Entre tanto, el director no es de este modo de pensar porque su corazón le anunciaba otra cosa. «Dejarse de cavilaciones, dice: esto es que se ha hecho el milagro: la campana está reparada». «Anda tú, le dice a uno, y lo verás con tus propios ojos». «Mejor será encomendarnos a Dios, le contestaron; y, en todo caso, id vos: no sería poca nuestra dicha si la Santa bendita nos hubiese hecho esta gracia». Marcha, en efecto, él solo; llega y repara… «¡No, exclama, no me engaño! ¡Aquí están las piezas que faltaban! ¡Dios mío! ¡SANTA FILOMENA! Parte corriendo a participarlo a sus compañeros: vuelven juntos, y los buenos hombres no saben cómo bendecir a Dios y a la Santa. Con la celeridad del rayo se extiende el milagro por el pueblo y se levantan, aunque a deshora. Todos quieren ver, todos quieren tocar y, en el transporte de su admiración, las alabanzas al Señor, a su Santísima Madre y a SANTA

FILOMENA es lo único que saben pronunciar sus labios. A la mañana siguiente, reunido el Clero, fue trasladado en triunfo a la Iglesia este monumento sagrado de la bondad de Dios, al que no podían mirar sin alabar su poder y sin encontrar en él un delicioso pábulo de su devoción a SANTA FILOMENA.

— — — —

Sexta y Última Serie de Milagros

Rasgos de justa severidad de

Santa Filomena[37]

———

Escuchemos primero a Don Francisco, que nos referirá lo que a él mismo le ha pasado. «Por los días de la revolución de este reino de Nápoles, empezaron a ser menos frecuentes las ofrendas a la Santa y menos abundantes las limosnas. Se acercaba la fiesta que acostumbramos a celebrar todos los años con la magnificencia posible; pero había tan poco dinero en el tesoro que, aun después de haber pedido prestados treinta ducados, creímos deber cercenar alguna cosa del aparato acostumbrado, pues no alcanzaban los medios. A cosa del medio día, me retiraba de la Iglesia para descansar un poco en casa y a

---

[37] Dice San Juan Damasceno en el tratado que citamos antes las siguientes notables palabras: *Debemos venerar a los Santos, levantar templos a honra suya, ofrecerles dones, celebrar su memoria y en sus fiestas entregarnos a un santo regocijo; pero guardémonos de irritarlos por los medios mismos con que pretendemos obsequiarlos. Los Santos solo aman lo que agrada a Dios: todo lo que lo ofende, ofende también a ellos. Quibus Deus offenditur, iisdem etiam ipsius milites offenduntur.* De aquí los castigos con que los Santos afligen muchas veces a los hombres, y de los que habla el Salmista en estos términos: *En sus bocas están siempre las alabanzas de Dios y en sus manos las espadas de dos filos para increpar a los pueblos y tomar venganza de las naciones: para poner a sus Reyes en cadenas y esposas en las manos de sus nobles* degradados. Los pecadores *sufrirán de ellos el juicio que está acordado. Esta gloria compete a todos sus Santos.* La Iglesia militante está ya en posesión de una parte de esta gloria. Dios ha puesto en sus manos una espada de dos filos; y con el uno de ellos ha pronunciado ya el anatema contra todos los menospreciadores de sus Santos, de sus reliquias y de sus imágenes. No nos admiremos, pues, de que, en medio de las misericordias y gracias de toda especie de que los Santos acostumbran ser los canales e instrumentos, se presenten acá y allá algunos rasgos de severidad y de justicia. *Para los que aman a Dios, todo coopera a su bien*: en cuanto a los otros, o *el azote los abre los ojos del alma*; o si insisten en tenerlos cerrados, sirve su *castigo* para la gloria de Dios, y edificación de los fieles.

la misma hora veo venir hacia mí a Filomena Serio, joven de diez y seis años: estaba triste, y en todo su aire notaba yo no sé qué sobrecogimiento. Al verla en este estado me sobrecogí yo también, y temí que venía a anunciarme algún desastre político. Filomena quería hablar, y se lo impedía el miedo, y cuanto más inquieta y agitada la veía, más se aumentaba mi sobresalto. Oblígola, en fin, a que hable y me dice, en resumen, que se le había aparecido la noche anterior la Santa según se ve en la urna y que estaba muy enfadada conmigo. En seguida me declara los motivos que tenía la Santa para este enojo, y todos recaían sobre las economías que había hecho en la fiesta para no empeñarme más.

"Me hablaba, continuó Filomena, en un tono tan severo, que me hacía temblar de miedo y solo pude contestarle: '¿Y yo qué tengo que ver con esto?' 'Puedes ir, me replicó, y decirle a Don Francisco'. Lo que yo contesté lo dije tan alto y con tantos sollozos y gemidos que lo han oído en casa y entendido que pasaba en mí alguna cosa extraordinaria".

La Santa, en fin, después de haber manifestado las quejas que tenía contra mí, mandó absolutamente a esta doncella, que viniese a verme y decirme todo lo que había visto y oído: "y si no obedeces, añadió, te castigaré a ti y a tu familia. Yo soy Virgen, prosiguió, yo soy MÁRTIR; yo he derramado mi sangre por JESUCRISTO. ¿No es esto bastante para tener derecho a su aprecio? ¿Acaso cree él que no tengo a mi disposición los tesoros de la Providencia? ¡Oh, qué disgusto me ha dado!". Dijo esto y desapareció. Filomena, luego que dispertó, manifestó a su familia lo que le había pasado y esta, como interesada en su obediencia, la obligó a venir a decírmelo. Entre tanto, la relación disipó poco a poco mi primer susto: y así, cuando Filomena me preguntó, qué contestaría a la Santa en caso de segunda visita, le dije sonriéndome: "le dirás que se digne dejarse ver de mí y los dos juntos arreglaremos nuestras quejas"».

Marchose, y Don Francisco, no desatendiendo la lección que se le acababa de dar, se puso a calcular los gastos hechos y los que restaba hacer, para acudir a un nuevo préstamo y dar a la Santa una satisfacción completa. Pero ¡cuál fue su sorpresa, al ver que después de haber desembolsado más de cien ducados, sobraban aún los treinta prestados y, además, otros noventa! Observa, además, que su cálculo precedió a las segundas vísperas y desde este momento hasta el fin de la octava fue muy abundante la colecta. Tal es la venganza de los Santos con aquellos que saben aprovecharse de su justa severidad. Sin embargo, no es igual la medida para todo el que se atreve a desagradarlos.

No lejos de Mugnano vivía una familia de las más distinguidas de la provincia y la señora cuidaba por sí misma y con mucha caridad de una pobre enferma que había recogido en su propia casa. El Señor llamó a esta señora para recompensar sus méritos y la enferma, creyéndose perjudicada por este suceso, se entrega a los desahogos de una impaciencia culpable. La divina Providencia y especialmente SANTA FILOMENA, fueron los objetos del despecho de esta mujer. En especial, un día que se vio delante de una imagen de la Santa, se exalta su bilis y por el canal de sus labios vierte injurias sin medida contra aquella que, a su modo de ver, debió impedir la muerte de su bienhechora. Los que la oyeron quedaron escandalizados.

Llegó la noche y aún no se había templado su rencor. Acuéstase, y a pocos minutos de dormida oye esta pobre mujer que la llaman, y dispierta. «¿Me conoces?», le dice entonces la Santa, que se le aparece en persona. El tono de la voz, la severidad de las miradas y la actitud amenazadora hacen temblar a la desdichada. «¿Me conoces tú?... Yo soy una Virgen, que derramé mi sangre a honra de mi Dios. Yo soy esa Virgen a quien tú has tenido la audacia de ultrajar de un modo tan escandaloso, y vengo a enseñarte quién eres tú y quién soy yo»: y juntando las obras con las palabras, cae la blasfema derribada de su cama y, cercada del terror y de los dolores, da tales gritos, que dispierta a todos los de la casa; corren estos asustados a las armas, creyendo que es acometida y allanada la casa…, pero es ocioso buscar los agresores. La desventurada manifiesta la causa de sus gritos y con esto se tranquilizan los asustados, quienes lejos de compadecerla se alegran y alaban a Dios por su justa severidad. El castigo produjo su efecto: a la mañana hizo esta mujer celebrar el sacrificio de la Misa para desagraviar a la Santa y en adelante fue más humilde y respetuosa para con ella.

Pasemos ahora a otros sucesos un poco más terribles. En Montemarano vivía un matrimonio que no tenía sucesión: acuden a SANTA FILOMENA y prometen, 1.º si es niña, ponerle en el bautismo el nombre de Filomena: 2.º llevar el infante a Mugnano a dar las gracias a la Santa. Fue escuchado su deseo y cumplida la primera condición. El marido instaba por el cumplimiento de la segunda; pero la mujer hacia la sorda y lo dejaba correr. Pásanse dos años. La niña no podía estar ni más robusta ni más hermosa; pero ¡oh, qué golpes les prepara su infidelidad! Extiéndese la voz de que en Castelvetere, pueblo poco distante de allí, se preparaba una fiesta solemne a honra de la Santa, y la mujer dice a su marido que quiere ir allá para cumplir su voto.

—No es eso lo prometido, contesta éste: a Mugnano debemos llevar la niña, y no a Castelvetere.

—¡Bah!, replica la mujer, ¡como si no fuera la misma la S<small>ANTA</small> F<small>ILOMENA</small> de aquí y la de Mugnano! Vamos luego…

Fueron, en efecto, y volvieron por la noche creyendo haber pagado la deuda. El Cielo pensó de otra manera. En la misma noche y a tiempo de acostarse, da un beso la niña a su papá y a su mamá; los llama por su nombre y, mientras ellos corresponden a sus gracias con mil caricias, se les queda muerta en sus brazos… Inútil es pintar aquí su dolor y su consternación. Van al fin, aunque tarde, a Mugnano y allí refirieron el suceso trágico, confesando con humildad, que a nadie más que a sí mismos tenían que culpar de su desgracia. «A este último y terrible golpe, decían, han precedido bastantes advertencias, y aun castigos temporales, de que nos hubiéramos librado cumpliendo nuestro voto; pero nosotros siempre lo hemos diferido, hasta que, cansada la paciencia del Señor, ha hecho lugar a su justicia. ¡Solo suplicamos ya que se dé por satisfecha con este castigo!».

Otro hombre, muy rico, pero poco escrupuloso en el cumplimiento de sus obligaciones, fue castigado igualmente de un modo espantoso. Padecía un cáncer que, haciendo estragos en su cara, le había comido también una parte de la nariz. Cuando llegó el santo Cuerpo a Mugnano, manifestó a la Santa su aflicción y le prometió, si lo curaba, darla una de las casas que poseía. Obrose el milagro; pues al cabo de algunos días en que cuidó de untarse con el aceite de la lámpara de la Santa, no solo desapareció el cáncer, sino que se le restituyeron las carnes perdidas, con las que recobró igualmente la forma regular de su cara en lugar de la horrible deformidad que había en ella: de modo, dice el Autor, testigo ocular, que debimos admirar dos prodigios, uno la desaparición del cáncer, y otro una especie de creación obrada en el rostro de este hombre. Era de aguardar el cumplimiento de la promesa; pero mientras todo el mundo la espera, solo él no piensa en ello.

Se construía por este tiempo la capilla y hubiera venido muy bien una ofrenda de esta especie. No faltaron personas que le recordaron su deuda, y aun hicieron lo mismo con su mujer; pero uno y otro contestaban muy secamente: que en su testamento se hallaría…

Les tomó Dios la palabra. Sobreviene una bancarrota y la pesadumbre mata a la mujer: el marido se ve en el último apuro, pues para pagar a uno de sus acreedores, le alquila su casa: aparece de nuevo el cáncer, cómele toda la cara y, en seguida, la vida. ¡Feliz, no obstante, si antes de expirar reconoció su falta!

No sucedió lo mismo con la mujer de que voy a hablar y a quien la hidropesía tenía próxima a la muerte. Ya había recibido los santos Sacramentos y, subiendo la hinchazón al pecho, era de temer que expirase pronto. En esto, recibe la visita de unas mujeres piadosas y le preguntan si ha recurrido a SANTA FILOMENA. «No», contestó ella. «¿Cómo, replicaron las mujeres: pues dudáis acaso de lo mucho que puede con Dios? Usad, como han hecho otros, del aceite de la lámpara de la Santa y ofrecedle alguna cosa: la ocasión no puede ser mejor, pues ahora se va a empezar la novena. ¡Ea! Confiad en ella y no dudéis que desaparecerá la enfermedad». La invitación, en verdad, incitaba y la necesidad era urgente. Acude, en efecto, a la Santa; hace su promesa y resulta el milagro en muy breves días. La promesa, que consistía en un adorno de perlas, valor de unos cincuenta ducados, debía cumplirse el mismo día de la fiesta y la favorecida podía hacerlo muy bien. Pero la salió al encuentro la avaricia: la fiesta pasó y el voto no se ha cumplido.

Las mujeres piadosas que le inspiraron el pensamiento no pudieron menos de sobresaltarse al saberlo: la amonestan acordándole su empeño, pero en vano: la reprenden; pero todo es inútil. También le da un asalto la autoridad respetable de un Sacerdote encanecido en el servicio del altar y no saca más fruto que las primeras. La respuesta fue que daría un ducado en cada fiesta: fue grande la indignación de los fieles al saberlo; en términos que pedían a la Santa vengase su propia causa: y fueron oídos; pues antes de acabarse la octava tuvo una desgracia en que perdió doscientos ducados. Dios y la Santa son alabados por este castigo y, temblando por la ingrata que aún no se rendía, le suplican se compadezca de sí misma y aparte de sí otros males mayores. «Andad, andad, responde la mujer: este desastre la hace indigna de mis dádivas…».

Pasan algunos días; manda sacar de su bodega una buena partida de vino que quiere vender: pero ¿quién tomará la podre que se encuentra en los barriles en lugar de un vino decente? Un tonel de cabida de cincuenta barriles y donde estaba el mejor vino de su cosecha, se abre por sí mismo; y todo se pierde… Entre tanto, esta mujer, en vez de reconocer el dedo de Dios en estos desastres, se endurece más y su corazón se llena de resentimiento contra la Santa Mártir… Se acerca el término de la lucha, porque el mal que había desaparecido por un milagro, llamado otra vez por la ingratitud, aparece de nuevo, y con tal violencia, que en un breve término la pone a las puertas de la muerte: insiste en su obstinación y en ella muere.

Veamos otro castigo semejante si no es más espantoso. Había de años atrás un pleito entre dos nobles títulos de la capital y una villa compuesta toda de labradores. Estaba por parte de estos la razón y, no obstante, confiaban más en SANTA FILOMENA, de la que eran muy devotas estas buenas gentes, que de la justicia de su causa. Iba a darse la sentencia y nuestros dos hermanos supieron emplear tan bien su crédito y los muchos resortes que movieron, que ganaron el pleito. Esta fatal sentencia llenó de aflicción a nuestros pobres labradores que, aniquilados ya con los gastos del litigio, se veían ahora privados de todo recurso. En su dolor, no esperando nada de los hombres, acuden a su Santa Patrona y con ella desahogan sus corazones oprimidos, y tan públicamente, que llegó a noticia de los dos caballeros. Mas como ellos confiaban en su brazo de carne, se rieron a satisfacción de la simplicidad de los paisanos.

«Veremos, dijeron a algunos de ellos, veremos lo que hace por vosotros SANTA FILOMENA. Pronto iremos allá y nos diréis lo que ha hecho vuestra Santa». Entre estos labradores había una mujer que, favorecida muy particularmente por la TAUMATURGA, sintió atravesado su corazón por estas palabras impías y arrebatada de su celo... «¡Señores, les dijo con resolución, no ultrajéis a la que llamáis *nuestra Santa*, que es más poderosa que nosotros, y desdichado del que provoca su cólera!». «¿Pues qué nos hará?». replicaron ellos sonriéndose. «¡Qué os hará!... ¡Puede arrancaros la vida antes que nos hagáis esa visita que decís!...». Grandes carcajadas y desprecios fue la respuesta.

El viaje está acordado y avanzan hacia la villa como dos buitres que van a caer sobre una presa segura. En el camino encontraban algunos naturales del pueblo y su malicia gustaba de entrar en conversación con ellos para divertirse a costa de SANTA FILOMENA. «Y bien, señores, contestaron algunos: si la justicia está de nuestra parte, aunque la intriga y el crédito esté de la vuestra, después que hemos perdido el pleito, ¿qué tiene de particular que busquemos algún consuelo, desahogándonos con nuestra Abogada? ¡Guardaos de insultarla, que es tan superior a nosotros como terrible en sus venganzas!...». Otros, con menos palabras, pero más enérgicas, les dijeron: «¡Señores, pocas bravatas! ¿Quién les asegura que llegarán vivos al pueblo?». Estas palabras repetidas por otras muchas personas, *que allí no había*, fueron el funesto pronóstico de la próxima tragedia; no obstante, nuestros caballeros las acogieron con grandes burlas y risotadas.

Al pasar por una aldea que había antes de llegar a la villa dio el coche un vaivén, que estuvo para volcar, y el uno de los hermanos dijo al otro: «¡grande peligro hemos corrido! ¡No sé qué hubiera sido de nosotros si llega a perder el equilibrio!». El cochero oía todo esto: aquel a quien dirigía estas palabras no contestó nada; pero el hermano acosado del terror advierte que su corazón late de un modo tan extraño que dentro de algunos instantes se ve en el último apuro y se hace forzoso detenerse para proporcionarle algún descanso. En efecto, parado el coche en la aldea, lo sacan de él y, aunque bien sano y robusto, muere después de algunos momentos. Este golpe terrible hace fuerte impresión en su hermano: era este de complexión más fuerte aun que el otro; pero ¿qué salud puede resistir a la espada vengadora de los Santos? También este, culpable de las mismas impiedades y blasfemias, cayó víctima algunos instantes después. Así se verificaron las amenazas proféticas de los paisanos oprimidos; gentes por otra parte de bello corazón, pues, disimulando después del fin trágico de estos desdichados la cruel injusticia cometida contra todo el pueblo, hablaban con elogio de las buenas cualidades que tenían; y «yo vi muchos, dice Don Francisco, que vinieron a Mugnano sin otro objeto, que recomendar a los dos muertos a las oraciones de SANTA FILOMENA».

Quiero juntar con este suceso espantoso otro no menos trágico. Cierto sujeto muy rico se servía de su opulencia y de su crédito para vejar y perseguir a los vecinos del pueblo donde vivía. No había uno que no tuviese motivo para quejarse de su malignidad; y, aunque se trató varias veces de hacer entrar en el orden, de grado o por fuerza, a este tiranuelo, siempre encontró una callejuela por donde escapar. Nuestra TAUMATURGA acababa de obrar allí mismo un milagro de que fue testigo todo el pueblo y muchos forasteros. Este hombre no lo fue porque estaba ausente. Vuelve, oye la relación y sin otro fundamento empieza a gritar: «*¡mentira!, ¡embustería!*», con otros argumentos de taberna que vomitaba, no de otro modo que vomita un áspid su veneno. «¡Bueno, bueno! dijeron entonces en la sencillez de su fe las víctimas de sus injusticias; ya estamos bien: las toma con la Santa, pronto quedaremos vengados»; y sin saber cómo, ni con qué fundamento, corre y se hace general la voz, de que este desdichado no verá la fiesta de SANTA FILOMENA. El pueblo, el clero, todos repiten lo mismo: pasan los días y el tiempo acredita que esta voz era una predicción. «Murió de repente un mes antes de la fiesta y su muerte, dice nuestro Autor, tuvo caracteres evidentes de castigo del Cielo; pero no es permitido, añade, hacerlos públicos. Solo diré que el día de su muerte fue un día de regocijo público y tal que compara la alegría del pueblo y de los inmediatos a la de los ciudadanos de Betulia después del castigo de Holofernes.

Pasemos ahora, y por un instante, del mundo a la soledad del claustro. ¿El hombre con sus miserias no se encuentra en todas partes? Por lo mismo pues, no deberemos tener reparo en publicar nosotros lo que Dios hace, digámoslo así, sobre los terrados. «Lo que voy a referir, dice Don Francisco, es demasiado público: nadie lo ignora en el pueblo donde ha sucedido. Lo expondré, sin embargo, con la circunspección y miramiento convenientes. He aquí el caso. Consiguió el demonio sembrar la discordia en un monasterio de estrecha observancia y la comunidad se dividió en dos partidos. El uno de ellos, lleno de animosidad contra la Superiora y demás autoridades subalternas, encontró, desgraciadamente, apoyo en un eclesiástico a quien tenía engañado. Con tal auxilio estaban las de este bando tan audaces y orgullosas como se puede inferir del triste resultado. El partido humillado, volviendo sus ojos al cielo, imploró el socorro de SANTA FILOMENA, cuya reliquia tenían expuesta en el coro. Se veía a estas vírgenes en continua oración delante de la Santa, encomendándole su causa y suplicándole concurriese eficazmente al restablecimiento de la paz. Su confianza era proporcionada a su dolor; pero al principio no tuvo otros resultados que dar ocasión al partido contrario para escarnecerlas y, lo que aún es peor, a permitirse no sé qué desahogos ridículos contra la Santa misma.

El Cielo, a lo que parecía, iba muy despacio: sin embargo, no perdía de vista su objeto, marchando siempre a él, aunque por camino indirecto. Enferma el eclesiástico de que hemos hablado y en pocos días presenta la dolencia síntomas tan alarmantes que se desespera de su salud, y acuden al monasterio con súplica a la Superiora para que proporcione la reliquia de la Santa a fin de aplicarla al moribundo. Hubo alguna dificultad; porque la reliquia pertenecía a una religiosa muy anciana y, aunque sencilla y celosa, pero de genio un poco raro. Pídenle su beneplácito, y lo niega. *Nunca consentiré*, dijo, *en que la Santa salga del monasterio, pues no volvería más.* La Superiora, sin embargo, juzgó que no debía conformarse con el humor de esta religiosa y se resuelve a emplear un inocente fraude. Sustituye al relicario otro parecido en todo y, de acuerdo con las demás de la comunidad, envía la santa reliquia al enfermo, con orden expresa de que la vuelvan luego que la hayan aplicado. Dan la palabra de hacerlo así… ¡Gran Dios, *cuán terrible sois en vuestros consejos sobre los hijos de los hombres*!

Apenas llega la santa reliquia a presencia del enfermo, es acometido de convulsiones tan terribles, que las personas que lo rodean se espantan: huyen de él: déjanlo solo y muere. Pero tal vez será un accidente puramente fortuito en el que nada deberá verse fuera del orden regular. Yo quisiera poder hacer semejante juicio; pero el concurso de otras circunstancias que horrorizan me obligan a hacerlo muy distinto. Al tiempo mismo que expiró el enfermo, desapareció del relicario la partícula de los huesos de la Santa contenida en él, y aun la goma con que estaba pegada; de modo que no quedó señal alguna, salvo una especie de mancha superficial, a manera de nube muy ligera, como para testimonio de lo que había pasado. En tal estado remitieron el relicario al monasterio y de allí me lo enviaron, dice Don Francisco, suplicándome, que pusiese otra partícula.

Yo lo examiné con atención, continúa, mayormente que hacía poco se habían puesto los sellos y la integridad en que estaban bastaba por sí sola para acreditar la verdad del prodigio. En efecto, era una prueba completa: pues no contento con examinarla por mí mismo, llevé el relicario al Prelado que recientemente había puesto los sellos: examina, reflexiona también, y queda tan sorprendido como convencido de la verdad del milagro». Don Francisco envió nueva reliquia; pero conservó el relicario y lo agregó a otros seis que ya tenía y que, así como este, habían sido despojados de la reliquia por una mano invisible. Me abstengo de hacer aquí reflexiones que se ofrecen por sí mismas. Hay faltas de que se resiente vivamente el corazón de nuestro Señor. ¡Desdichado del que las comete y del que las aprueba! Los castigos visibles, que frecuentemente las siguen de cerca, y ciertas circunstancias demasiado notables que se agregan a los rigurosos golpes de la divina justicia, son lecciones saludables para los que los ven y para los que oyen referirlos. *Qui potest cápere, capiat.*

¿Y qué se dirá del suceso reciente[38] que vamos a referir? Es el más trágico y espantoso de cuantos hemos manifestado y cuyos testigos todos están vivos. He aquí como le presenta nuestro Autor. Dos hermanos pasaban una temporada en una quinta propia. Nadie ignoraba por las inmediaciones que se habían retirado a ella para entregarse más impune y libremente a sus vergonzosos desórdenes. Entre los jornaleros que diariamente trabajaban en su heredad vino un día una joven, pobre pero virtuosa, que bajo la protección de SANTA FILOMENA había consagrado a Dios su virginidad. Frenético uno de estos brutales por robarle un tesoro tan precioso, arregla y dirige contra ella su plan de ataque; pero si ha podido lograr aislar su presa, no puede conseguir que consienta en el crimen que le propone su infame pasión... ¿Se acabará la lucha con la repulsa? ¡Ah! No se ablanda el gavilán con los tímidos y sentidos lamentos de la avecilla que reclama su voracidad. En vano lo hace reparar la virtuosa doncella en el color de su vestido, símbolo de la muerte y señal clara de que su cuerpo está consagrado al Señor de su alma: en vano le presenta el Crucifijo que lleva pendiente del cuello. El desventurado le arranca el Crucifijo y, ciego y sordo por el influjo del infierno, ultraja a un tiempo con abominable violencia al Criador y a su criatura.

Se aplaude de su triunfo execrable y, entre tanto, su triste víctima corre a desahogar su dolor en el seno de su madre. Esta, herida vivamente del sacrilegio y privada de auxilio humano sale con su hija y, postradas a los pies de SANTA FILOMENA, derraman la amargura de su corazón ante este amparo de los desvalidos. A la noche siguiente se aparece la Santa a la madre y le dice: «todo corre de mi cuenta: yo sé lo que he de hacer». A pesar de esta promesa, se presentó a la mañana al juez del distrito; pero este caballero, que era un excelente cristiano, juzgó no convenia hacer público este caso y la disuadió de exigir satisfacción por los trámites de un proceso. «Creedme, les dijo: encomendad el negocio a SANTA FILOMENA y vivid tranquilas, pues está ella tan interesada como vosotras en vengar este ultraje». La buena mujer le refiere entonces lo que le había pasado en la noche precedente y el virtuoso juez se confirma en lo oportuno y conveniente de su consejo.

---

[38] Sin duda ocurrió en el estío del año anterior al en que se escribía esto. La consideración a las personas interesadas debió detener al Autor, para no publicar por ahora el año y día. (N. D. T. E.)

La Santa había empezado ya a cumplir su palabra porque se presentó en la misma noche al brutal en cuestión y le intimó reparase pronto los agravios hechos a la doncella o que, de lo contrario, experimentaría los efectos de su indignación. Asustado con esto, refiere a su hermano lo que le sucede; pero no dura mucho tiempo la impresión: luego la disipan cuatro chanzas y un poquito de zumba de su confidente. Se hablaba mucho de estas dos visiones; pero iban pasando meses y no se veían los resultados, con lo que afligida la madre redoblaba sus oraciones a la Santa. En fin, se le aparece segunda vez la TAUMATURGA y le dice: «si para tal día (y lo fijó) no se ha verificado la satisfacción pedida, vendré a tal hora (y la señaló) y me vengaré de un modo estrepitoso. En la misma noche se dejó ver la Santa del culpable y le hizo igual intimación: sobrecogido otra vez, y un poco más que la anterior, se descubre a su hermano, y este consigue tranquilizarle o, más bien, endurecerle contra sus remordimientos. «Son fantasmas, le decía, hijas de tu imaginación sombría y el remedio contra ellas es el desprecio y la diversión». Así lo hizo: veamos si fue para bien. Pero antes debemos hacer con nuestro Autor una observación importante; a saber: que se hicieron públicas con mucha celeridad estas dos apariciones, siendo ellas el asunto de las conversaciones y el desastre que debía verificarse tal día y tal hora. No se hablaba de otra cosa, una buena temporada antes del desenlace espantoso.

Llega este día y también la hora. De repente, y poco después de medio día, aparecen en la heredad del culpable dos hombres, cuyas malas trazas indicaban el objeto de su misión. Avanzan por medio de las tierras sin hablar una palabra. El granjero, que trabajaba a alguna distancia, los ve y los saluda con un torrente de injurias y amenazas. Pero los aparecidos, sin cuidarse de los gritos, siguen su camino a paso lento, uno en pos del otro, sin desviarse un palmo y sin mirar siquiera al granjero, que venía acercándose a ellos. Este se cree despreciado y, montando en cólera, se arroja sobre ellos y levanta la mano para descargar el golpe. A esto uno de los incógnitos hace un ligero movimiento con la suya y le echa fuera las entrañas, derribándole bañado en su sangre. Tiénese por muerto y grita a sus amos para que salgan a vengarlo. Acuden en efecto armados y furiosos como dos leones: el que se acerca primero es también el primero que cae a los golpes de la divina Justicia. «¡Hermano, exclama, soy muerto!» y expira. Enfurecido el hermano con la doble desgracia, se arroja ciego sobre ellos: alcánzale el tercer golpe, dado de la misma manera, cae y fallece…

El granjero, conservado por especial providencia de Dios para dar testimonio de este horrible castigo, lo veía y lo oía todo. Dice que acabada la ejecución desaparecieron súbitamente los desconocidos: ello es que entre tantas personas como acudieron a sus gritos y a los de sus amos pues, siendo el tiempo de la recolección estaba el campo lleno, ni una sola ha dicho que los haya visto ni venir ni marchar. Nunca más se les ha vuelto a ver. La Policía ha practicado todas las diligencias imaginables y esta es la hora en que no ha recogido el más leve indicio. ¿Que habremos de concluir de aquí? El pueblo está persuadido que eran dos demonios de que se sirvió la divina Justicia para tomar venganza de estos criminales. Recordaba las cuatro apariciones, el día y hora señalados, y eran los mismos que acreditó el suceso. Reparaba que el cadáver del criminal cayó en el mismo paraje en que tiró el Crucifijo que arrancó a la doncella: y, por último, decía: si son asesinos ordinarios, ¿cómo es que nada se sabe de ellos? El granjero, que estaba en la misma persuasión, refirió también el suceso a unos Misioneros que vinieron poco después al país y estos vieron unas señales tan marcadas de venganza enteramente divina, que lo predicaban en sus sermones sin temor de ser desmentidos.

Quería terminar aquí la relación de los milagros de la Santa; pero hallando al fin del volumen que tengo delante un suceso no menos auténtico que reciente, pues ocurrió el 3 de mayo del año anterior de 1833 con un eclesiástico constituido en dignidad; creo deberlo añadir a los demás por la conexión que tiene con ellos y a fin también de templar un poco la tinta lúgubre que hemos gastado hasta aquí. «Una señora, dice este respetable eclesiástico Arcediano de la Iglesia de Ascoli, me envió desde Téramo, donde vive, una reliquia de SANTA FILOMENA suplicándome concurriese por mi parte a propagar su culto. El encargo no era difícil, pues me ponían en disposición de llevarlo a cabo con buen éxito mi destino y las relaciones íntimas que había entablado con el señor Obispo y conmigo. Pero, figurándoseme que había más celo natural que devoción en las instancias de esta dama, resolví tener cerrada la reliquia; y aun pasé más adelante, pues llegué hasta negarla al Prelado, que me manifestó el deseo de honrarla en una fiesta que trataba de hacer a la Santa. Esta negativa dio bastante que hablar, en términos que me amenazaban con que me castigaría la TAUMATURGA; pero yo respondí muy satisfecho que si tal fuese la voluntad de Dios, recibiría en ello, como otros muchos, una prueba de su bondad para conmigo; que mi corazón no se turbaba con el temor de estos castigos porque no ignoraba los felices resultados que ordinariamente tienen estas demostraciones de Dios y de sus Santos.

SANTA FILOMENA me comprendió bien; pues el 3 de mayo a cosa del medio día, me envió el castigo y con él una grande Congoja. Me hallaba en mi estudio, ocupado en lectura seria, cuando de repente se me anubla la vista; y dentro de algunos instantes me encuentro en verdaderas tinieblas. Todos los objetos huyeron, todo desapareció para mí: y lo peor del caso era que no podía atribuirlo a algún desvanecimiento de la cabeza, a vapores ni a otra causa alguna, porque nada había en mí ni alrededor de mí que pudiese causar este efecto: era algo más; era cosa que rayaba en sobrenatural (*in un modo di portento*). Entre tanto, se presentan a un tiempo a mi imaginación SANTA FILOMENA, la reliquia obstinadamente negada y el castigo con que fui amenazado. Estas ideas me ocasionan un movimiento repentino de sobresalto. Busco el relicario a tientas, lo encuentro y, a tientas y consternado, me voy con él a mi oratorio, donde hago a SANTA FILOMENA una oración tan fervorosa como se puede creer de mi amarga situación.

En esto, mi ceguera va adelante y, sumamente afligido con la idea de que podrá ser una enfermedad incurable, suspendo mi oración y me voy a otra parte a buscar algún consuelo. Entonces me digo a mí mismo: "¿Y si tal fuese la voluntad de Dios, no deberás resignarte? Aún más: ¿no deberás estar contento?". "¡Contento!, me responde mi corazón oprimido. ¿Cómo puede estarlo una criatura sentada en tinieblas y para quien en vano pasea el sol por el cielo?". Más de media hora pasé en estos tormentos de la imaginación y, no pudiendo calmarla, vuelvo a mi oratorio y continúo mi oración a la Santa con la confianza de ser oído. Tomo la reliquia para santiguarme con ella... con esto desaparecieron mis tinieblas: leo la inscripción del relicario; veo y distingo todos los objetos que me cercan. ¿Quién podrá decir la alegría, el reconocimiento, la ternura, en una palabra, el tropel de sentimientos que agitan a un tiempo mi pobre corazón? ¡Oh! ¡Con qué enajenamiento besaba los restos sagrados de mi generosa Bienhechora!, ¡cuán afluente era mi lengua para bendecirla y darle gracias!

Sin detenerme más, voy a mi Obispo y le declaro y afirmo lo que acaba de sucederme. El Prelado calla; pero manda que inmediatamente se justifique en debida forma este suceso prodigioso con todas sus circunstancias..., y con esto he tenido el consuelo de ver que, sin pensar en ello, he sido la causa de que se empiece en Ascoli *el culto público* de la Santa. Me encargo de fomentarlo y hago que se celebre a mis expensas un triduo solemne en la Iglesia de un convento.

Tal es la voluntad y orden expresa del señor Obispo. El triduo se hizo, en efecto, con magnífico aparato y concurso innumerable de los fieles, y asistencia a todos los ejercicios del señor Obispo Zelli. El panegírico lo predicó un orador célebre y desde entonces hasta hoy (1.º de julio de 1833) no se ha entibiado nada la devoción de los fieles, recibiendo en recompensa continuos favores del Cielo…».

Ascoli, en la Marca de Ancona, a 1.º de julio de 1833.

Luis Borri, Arcediano.

CAPITULO V

Designios de la divina Providencia manifestados en la

gloriosa aparición de

Santa Filomena

———

Ruégote, lector, que no pases de ligero por este capítulo en que procuraré desenvolver las semillas contenidas en los anteriores. Escrito está de la divina Sabiduría que no solo *dispone los medios*, sino que *consigue el fin*. El carácter de los unos es la dulzura y el del otro la fuerza: toca a la dulzura el preparar y a la fuerza conseguir el fin. He aquí por qué es preciso violentarse en algún modo para pasar a hacer reflexiones serias después de pasear por un campo tan ameno como el que acabamos de correr; pero no hay que detenerse: la simiente está echada, es forzoso recoger el fruto. Dios obra los prodigios para él solo; los hemos oído; démosle pues lo que busca con ellos y lo que tiene derecho a exigir de nuestra justa admiración. ¡Eh!, cuando durante su vida mortal corría en pos de Él la multitud para ser objeto y testigo de sus innumerables maravillas, ¿no fue siempre la conclusión práctica el término de sus trabajos? *Apeteced*, les decía después de la multiplicación de los panes, *apeteced no un alimento perecedero, sino el que debe haceros vivir eternamente. El hijo del hombre os dará este alimento; tal es la misión que ha recibido de su Padre celestial...* Y la multitud, aunque ignorante y grosera, comprendió bien la exactitud de esta consecuencia, pues le preguntó: *¿y qué haremos para cooperar con nuestras obras a los designios de Dios?* Ahora bien: esto es todo lo que yo pido en nombre de aquel por cuya gloria he trabajado.

Antes de aparecer SANTA FILOMENA con tanto esplendor en la escena del mundo, recibió en los Cielos su misión de JESUCRISTO. Me parece ver a este Rey de Reyes, a quien su Padre dio todo el poder, que, amándola con predilección, la distingue en medio de la asamblea de los Santos con una mirada de complacencia; que le manda acercarse a su trono y le dice: *ve, yo te he escogido y quiero ponerte* en el campo de mi Iglesia como un rocío nuevo destinado a refrescarla y fecundarla.

Ve; tú me traerás el fruto que mi mano te prepara; que realce su *solidez* lo delicado del sabor. La Virgen escucha y empieza su Apostolado. Es como una antorcha que repentinamente la sacan debajo del celemín. La tierra entera ve brillar su gloria: por todas partes se levantan gritos de admiración. ¿Pero qué? ¿Habrán de parar en una admiración estéril? No son estos por cierto los fines de JESUCRISTO. No es este el objeto de la extraordinaria misión de la Santa.

¿Pues cuál es el objeto?, me preguntarán. ¿Cuáles son los designios del divino Maestro? Respondo que JESUCRISTO nuestro Señor quiere servirse de la gloriosa Santa Filomena, su sierva: 1.º para consolarnos: 2.º para instruirnos: 3.º para animarnos.

1.º SANTA FILOMENA trae un *consuelo* a todos los hijos de la Iglesia. Es, por cierto, bien necesario en estos tiempos desdichados a los que cuadran tan ajustadamente aquellas palabras de S. Juan: *Hijos de mi alma, hemos llegado a la última hora: habéis oído que viene el Antecristo; pues bien, actualmente se han convertido muchos en Antecristos; por esto sabemos que estamos en la última hora.* (Joan. I. Ep. 11. 18). Después añade: *pero vosotros, hijos míos, conservad la doctrina que se os ha enseñado desde el principio: ella os tendrá constantemente unidos al Padre y al Hijo; y cuando JESUCRISTO aparezca en su gloria, en el día de su venida, os presentaréis a él con confianza y no quedaréis confundidos.*

¿Quién no dirá que el discípulo amado hablaba profetizando de nuestro siglo? Porque, ¿cuándo ha habido más Antecristos?[39] ¿Cuándo se ha conjurado con tanta malicia, con tanta audacia, con tanta publicidad contra JESUCRISTO y contra su Iglesia? La voz de la incredulidad siembra sus blasfemias no ya en las ciudades, orgullosas con sus pretendidas luces y su opulencia, sino en las aldeas y hasta en las chozas miserables de la hermosa Italia donde poco ha reinaba la bella simplicidad de la fe... ¡Hasta estos asilos de la inocencia se ven

---

[39] El Antecristo será un hombre: *hijo de perdición, hijo de pecado, el inicuo* le llama San Pablo; mas, como su oficio será apartar a los hombres de JESUCRISTO, obligándolos a apostatar con violencias, con sofismas, engaños y sobre todo con hipocresía: por esto San Juan, que en otra parte dice que el Antecristo es *spiritus qui solvit Jesum*, llama *antecristos* a todos los que con los mismos medios trabajan por apartar a los hombres de la fe verdadera, que es la que enseña la Iglesia Católica-Apostólica-Romana y el lazo que une a los hombres con su Redentor. Cortado este, muere el hombre, como muere el vástago cortado de la vid; porque no tiene quien lo vivifique. (N. D. T. E.)

atacados e infectados del veneno asqueroso que vomitan sobre ellos los impíos! «*Buenas gentes del campo*, les dicen, acostumbraos a no creer sino lo que os dicta la razón. Cada uno tiene dentro de sí mismo su conciencia, que es mucho más caritativa que la voz de un fanático. Preguntadle por la noche, que esta confesión es mejor que la que hacéis con él. ¿Por qué habéis de interponer entre Dios y vosotros a un hombre que muchas veces puede valer menos que vosotros? Dios es vuestra alma: entendedlo bien. Cada uno tiene dentro de sí lo que necesita para ser su Sacerdote, su apoyo, su intérprete para con la divinidad» (*Journal de l'Aisne*, 12 abril 1834).

Tal es la *moral* que envía a los pueblos la cátedra de pestilencia: o lo que es lo mismo, la cizaña maldita que el hombre enemigo siembra a manos llenas en el campo de JESUCRISTO. Y las consecuencias, ¿cuáles son? Las que describe el Profeta Ezequiel con colores tan lúgubres. *La palabra de Dios*, dice, *se ha dejado oír en mí y me ha dicho: Hijo del hombre, habla a Jerusalem y dile: tú eres una tierra inmunda; los días de furor,* que van a venir, *te encontrarán con las manchas de tus iniquidades. Profetas falsos han conjurado en su seno: como el león que rugiendo se lanza sobre su presa, así han devorado las almas: se han atestado de oro y de plata; han multiplicado el número de las viudas; mi ley está despreciada; mi santuario profanado y desdeñado el día santo del Sábado. Los padres y las madres son ultrajados por sus hijos, y el matrimonio por las abominaciones del adulterio. El incesto* ha deshonrado todos los grados, roto todas las barreras y hollado a la naturaleza y sus más inviolables derechos. Pero, he aquí lo que dice el Señor: *Tú, ¡oh Jerusalem!, beberás, tú beberás hasta las heces del cáliz de tu hermana. Yo te enviaré desprecio, tristeza y dolor hasta la saciedad, plenitud y embriaguez. Y cuando hayas agotado la copa de Samaria, la harás pedazos y te comerás los cascos, y de rabia desgarrarás tu seno*: tal será el fruto del olvido en que dejas a tu Dios y del desprecio con que le desechas.[40]

¿Quién podrá decir ahora el dolor amarguísimo de la Iglesia nuestra Madre al ver que los crímenes que provocaron y llevaron a efecto estas amenazas se han cometido y se están cometiendo en el día sin número? ¿Dónde habrá, oh Esposa de JESUCRISTO, una aflicción, un desconsuelo que pueda compararse al tuyo? ¿Qué podré yo ofrecer

---

[40] Ezequiel XXII, XXIII. El santo Profeta habla a Jerusalén y, en ella, a las dos Tribus de Judá y de Benjamín, a las que amenaza con el castigo de su hermana Samaria, por la que se entiende las otras diez Tribus, destrozadas ya y llevadas cautivas (N. D. T. E.).

a tu vista que seque el manantial de tus lágrimas y cicatrice la llaga que devora tu corazón? Pero tú me respondes llorando: *Mira: repara en mi Sacerdocio humillado, mis caminos abandonados, mis riquezas presa de mis perseguidores, el brillo de mi gloria obscurecido y casi apagado: ¡ay!, todos mis amigos me desprecian; mis hijos están perseguidos; ha prevalecido el enemigo: ¿dónde están los que me consuelan?* A estas palabras la veo, como a Sion, levantar los brazos, y exclamar con el Profeta: *Señor, que habitas en los Cielos, a ti levanto mis ojos y en ti pongo mi esperanza: compadécete de mí: la confusión cubre mi rostro y me cerca el dolor como las aguas de un vasto mar* (Jer. Psal.).

El Señor ha escuchado a su Iglesia: se ha puesto en pie en la barca, de donde nunca ha salido ni saldrá; y sin mandar a los vientos ni a la tempestad, cuyo furor siempre creciente ha de servir para realzar más su gloria, llama al socorro de su Esposa, ¿á quién?... ¡Al polvo de un sepulcro! Polvo sagrado, pero desconocido, tumba venerable en la que el hombre mundano y *animal* buscará inútilmente algunos títulos de gloria facticia, a la que queda pagar el fastidioso tributo de su admiración. Huesos áridos: ¡escuchad la palabra del Señor!: yo introduciré en vosotros un espíritu de vida, y viviréis. Llega el espíritu, alienta sobre estos despojos de la muerte y reviven. Cesad, ¡oh hijas de Jerusalem!, cesad ya de decir *que la esperanza ha huido lejos de vosotros*.[41] Yo he visto a estos huesos sagrados correr a manera de un ejército formidable a la defensa de vuestras murallas. Una nueva Débora se ha puesto en pie debajo de su Palma: una nueva Jael avanza con el martillo y el clavo en la mano para traspasar al enemigo del pueblo de Dios. ¡Ea!, contad una nueva victoria: ¡Sísara muere, una mujer es quien lo ha vencido![42] ¡Qué consuelo, qué triunfo para la Iglesia y sus verdaderos hijos! Sí, sí, la impiedad ha mentido y miente cuando dice: *El Señor no ve, el Señor ha abandonado la tierra. No hay guerreros en Israel*.[43] La muerte los ha segado con nuestra guadaña. Porque ha respondido el Cielo con la señal de combate, *y una de las estrellas colocadas en el orden*[44] que le merecieron sus virtudes se desprende por un momento y viene a confundir a nuestros enemigos y consolar nuestros corazones.

---

[41] *Periit spes nostra, et abscissi sumus.* Ezeq. 37.
[42] *In manu mulieris tradetur Sisara.* Jud. 4.
[43] Ezeq. 9.
[44] Jud. IV. 20.

Contemplad ahora a la claridad de su luz lo que ofrece la fe a vuestra consideración. ¡Males, persecuciones, ultrajes, espoliaciones y tal vez cadenas y cuchillas sedientas de sangre! Pero ¿*cuantum est hoc*?, ¿qué es todo esto?, ¿qué puede contra nosotros si tenemos al Señor en nuestro favor?, ¿si su amor, si su poder está de parte nuestra? ¿Pero no veis salir su gloria, por decirlo así, de los cimientos de su Iglesia?, ¿moverse su brazo poderoso y obrarse a consecuencia maravillas inauditas al rededor del corazón herido, pero inmortal, del cristianismo que profesamos?

SANTA FILOMENA aparece para derramar el bálsamo precioso sobre nuestras llagas, para suavizar nuestras penas y hacernos gustar la felicidad en medio de nuestras lágrimas. Yo leo lo que ha obrado y lo que obra todos los días: su poder tiene igual imperio sobre los cuerpos y sobre las almas; la naturaleza y la gracia se apresuran a obedecerla; la fe y las buenas costumbres adquieren nueva vida donde quiera que ella influye. ¿Podré, pues, no regocijarme?, ¿podré no comprender el lenguaje elocuente de mi Dios que dice a su Iglesia y al corazón de sus fieles:[45] *Yo te escogí; ¿cómo podré desecharte? No soy yo como uno de los hijos de los hombres para mudar de un momento, de un día, de un siglo a otro. Su palabra* tiene fundamentos más sólidos aun que los del firmamento: *Yo estoy contigo, ¡oh Israel!, contigo que eres conducido en los brazos de mi* JUSTO. *Yo soy tu Dios. Acuérdate bien: se acerca el día en que los que te combaten se avergonzarán y quedarán confundidos.* Mi obra ha empezado: espera un poco: *adhuc modicum, aliquantulum,* y verás que para hacer trozos a tus enemigos y los míos no necesito más que medio-resucitar uno de mis muertos y ponerlo en medio de ti como una fuente de vida.

En la aparición de SANTA FILOMENA todo es promesa, todo es consuelo, todo es prenda de victoria: de ella sale una especie de panal mil veces más dulce que el de miel. No quiero decir con esto que aun en nuestros días y en los venideros dejen de ofrecerse a la Iglesia y a sus hijos estos frutos que crecen más o menos a la sombra del Calvario. ¡Oh, no permita Dios que perdamos jamás esta prenda preciosa de nuestra predestinación! ¿Cómo se cumplirían entonces las Escrituras? ¿Cómo se verificarían los Oráculos del Salvador?, porque, ¿en qué consiste el THAU, el carácter de los escogidos sino en ser perseguido, blasfemado y aborrecido de todos por su amor? Los últimos tiempos, especialmente, porque deben ser un reflejo de los en que vendrá JESUCRISTO, abundarán de esta especie de pruebas. Pero también habrá

---

[45] *Elegi te, et non abjeci te.* Isai. 41.

en ellos, como entonces, una providencia particular en favor de los discípulos del Cordero inmolado en los brazos de la cruz. No se apartará de ellos el ojo penetrante de la Providencia para protegerlos, para salvarlos: siempre tendrán abierta una puerta que les sirva de asilo: siempre habrá un brazo levantado para defenderlos y vengarlos. ¿Qué habrán de hacer pues, estos justos, felices por la cruz de que van cargados y por los consuelos que embalsamarán su corazón? *Entonces*, dice San Juan, *necesitarán fe y paciencia*.[46] La paciencia por la guerra que será permitido a Satanás hacer a los Santos y la fe porque ella sola podrá darles la victoria.

¿Pero esta fe, me dirán, no se va debilitando, no se pierde cada día más? ¿Quién podrá conservarla si Dios no concurre con nosotros por medio de gracias más que ordinarias? Cabalmente es este el punto a que deseaba llegar para consolar a las almas afligidas. No: no nos será negado este concurso extraordinario del Cielo: lo prueba evidentemente la prenda que nos da hoy en SANTA FILOMENA. Se dice que la fe se apaga; yo lo digo también, yo, a quien la confusión hace bajar la cabeza al tender la vista por muchos pueblos y aun países enteros: pero también añado que en otros pueblos y en otros países empieza a alumbrar con más fuerza la antorcha de la fe como fruto de los milagros obrados por JESUCRISTO en nombre y en virtud de los méritos de sus Santos. La Italia principalmente, esta tierra regada con la sangre de tantos mártires, este centro del Catolicismo es el teatro donde se está verificando hace algún tiempo. ¿Y por qué no lo serán también otros países, cuando la Sabiduría divina juzgue conveniente desplegar su brazo para reanimar en ellos la fe? El Señor de los vientos y tempestades gritó desde lejos a los Apóstoles: *tened confianza, que soy Yo* quien ha permitido a las olas que se enfurezcan y os amenacen; yo llegaré a tiempo para libraros del peligro que teméis. No es una ilusión, no es un fantasma la esperanza que trato de infundir en vuestros corazones. *Sí, yo vendré* en el momento que me necesitéis y si para haceros triunfar de vuestros enemigos es necesario conmover los cielos y la tierra, lo haré también; no lo dudéis.

¡Oh!, ¡cuán consoladora es esta esperanza!, ¡con cuánto placer nos hace repetir estas palabras del Profeta Isaías: *¡Oh Dios mío, Salvador mío!, los consuelos que he recibido de ti me inspiran una viva confianza*; y esta confianza me hará marchar sin miedo en medio de los asaltos que me dirigen de todas partes. Si en ello se interesa mi salud,

---

[46] *Hic est patientia et fides Sanctorum.*

se interesa aún más vuestra gloria: si mi debilidad es grande, mi fuerza es mayor, es la de Dios. Me bastará entrar en vuestro corazón para tomar en él los recursos que reclame mi miseria. Vos me daréis aún más de lo que necesite y yo convidaré a las criaturas para que me ayuden a bendecir vuestra magnificencia.[47]

2.º SANTA FILOMENA viene no solo para consolarnos, sino también para *instruirnos*. A tres reduzco las lecciones que JESUCRISTO nuestro Señor se digna repetir a sus hijos.

La primera es una lección de *humildad*. ¿Quién es esta, podremos exclamar, al ver salir de las Catacumbas estos huesos envejecidos en un sepulcro ignorado? *Quae est ista, quae ascendit de deserto?* Se nos responde mostrándonos dos anchos pedazos de tierra cocida donde al través de algunas palabras grabadas, no con mucho esmero, vemos ciertos símbolos de tormentos asociados a las palmas de la gloria...

—¿A dónde los lleváis?

—A los tesoros de la Iglesia militante que, noblemente engreída por la adquisición de estos restos preciosos, los colocará un día en los altares para que los venere la tierra.

—Pero ¿qué ha hecho para merecer este honor?...

—Se humilló hasta morir; y me presentan un vaso medio roto donde veo restos de sangre negra que van a brillar pronto con las luces de la más hermosa y varia pedrería.

—¿Y no se sabe más?

—Nada más que lo que se digne el Señor revelar a su Iglesia.

—Pero ¿cuántos siglos, sobre poco más o menos, cuenta su martirio?

—Se cree que a principios del siglo IV, en el imperio del bárbaro Diocleciano.[48]

—Pero los anales eclesiásticos bien dirán alguna cosa.

---

[47] *Cantate Domino, quoniam magnifice fecit, annuntiate hoc in universa terra.* Isai. 12.
[48] Véase la Nota 19.

—Nada absolutamente.

—¡Pues qué!, ¿habrá estado totalmente ignorada hasta hoy?

—Totalmente: hasta su nombre, hasta su existencia.

—Pero ¿a lo menos es de creer que durante su vida hizo mucho ruido en el mundo con admirables virtudes y asombrosos prodigios?

—Solo se cree una cosa; que vivió y murió por JESUCRISTO.

—¿Y qué edad tenía?

—De doce a trece años; y, por tanto, demasiado niña, como veis, para proporcionar con su vida muchos materiales a la historia.

—Pues según esto, ¿nada la distingue entre la multitud de los otros mártires?

—Nada, a lo menos que sepamos.

—Por consiguiente, ¿qué razón hay para esperar que la Iglesia, poniéndola en los altares, ha de conseguir más gloria que la que le han proporcionado otros mártires más conocidos?

—Estos son secretos reservados a la divina Providencia: sabemos, entre tanto, que *Dios escoge las cosas que no son*, o que parecen no ser, *para confundir a las que son* o, en otros términos, a las que se creen ser algo.

—En tal caso, el Señor no ha podido ciertamente hacer mejor elección: ¡una mujer!, ¡una niña!...

—¡Pero Virgen!

—¡Sí, sin duda! Pero me habéis de creer, en el siglo en que vivimos, la *Virginidad* es un título más para ser ridiculizado por los mundanos. Además de esto, haber estado tantos años sepultada en la nada..., ¡mil y quinientos años en la oscuridad de un sepulcro!..., y sobre esto, nada que la recomienda a la estimación y admiración de los sabios...

—¿Pues qué, es nada su martirio?

—¡Oh!, para las gentes de que yo hablo, es una moda que pasó ya: ¡sobre que el morir por la religión lo tienen por la más insigne locura!...

—El pueblo a lo menos, no piensa como ellos: para su fe siempre viva, prepara la Iglesia este alimento nuevo: y, sobre todo, falta ver en qué parte hay más entendimiento.

—Convengo con vos en que los tesoros más ricos del Señor no son para la sabiduría humana; la inocencia, la pequeñez, la abyección sola, es lo que atrae sus miradas y merece sus favores; pero ¿tiene el pueblo de nuestros días unas virtudes: tan raras, tan sublimes? Ciertamente preguntará: ¿qué Santa es esta? ¿Qué ha hecho? ¿Qué cuentan de su vida? Y si no tenéis nada, o muy poco, qué decirle, este mismo pueblo después de haberla mirado, y acaso rezado algunas oraciones a honra suya, la olvidará enteramente como a otros muchos héroes de la fe. Pero, de esto, ¿qué fruto saca la Iglesia?... ¿Qué nueva gloria resulta para Dios?

—¿Y si Dios hiciese milagros por su intercesión?

—Seguramente que Dios lo puede todo; pero confesad, que esto de milagros es muy raro en el día.

—En fin, si los hiciese... ¿Qué diríais? Y si estos milagros fuesen innumerables, brillantes, ruidosos, inauditos: si Provincias, si Reinos, si la Europa, si el Mundo entero estuviese lleno de su nombre y de sus maravillas: si su gloria hubiese hecho olvidar en muy pocos años los quince siglos de su profunda obscuridad..., respondedme, ¿qué diríais?, ¿qué inferiríais de aquí?

—Si eso fuese posible, y suponiéndolo tal porque, al fin, para Dios Todopoderoso nada hay imposible; si fuese probable que habría de suceder...

—¿Conque vos lo creéis posible?, pues suponed que ha sucedido y decidme qué pensaríais de semejante prodigio?

—Esto, a decir verdad, sería una de las mayores humillaciones con que Dios podría atormentar al orgullo de este siglo y uno de los triunfos más sublimes de la humildad y de la abyección cristiana.

—Pues bien, esto es lo que sucederá puntualmente: esto es lo que verá el mundo y lo que hará bramar de furor al infierno y a sus dependientes: esto es lo que vendrá a consolar al fiel humilde, mostrándole en el sacrificio de toda gloria humana por amor de JESUCRISTO crucificado, un manantial fecundísimo de la gloria más pura.

No, no es una ilusión lo que digo: deponen a favor de ello los hechos más bien averiguados, los testimonios más ciertos y las pruebas más irrecusables. Treinta años hace que SANTA FILOMENA, absolutamente ignorada para nosotros, solo existía en el esplendor de los Santos. Pero hoy ha volado ya su nombre del uno al otro cabo del mundo y, en pos de él, sigue una voz gritando por todas partes: *Los poderosos son sacudidos y derribados de sus tronos, y exaltados los humildes.*[49] ¡Alaben a Dios todas las criaturas y a la humildad a quien honra! ¿Queréis vos también que os ensalce y que su majestad brille algún día sobre vuestra cabeza? *Humillaos en su presencia*: ahogad en vuestro corazón los pensamientos orgullosos y las pretensiones de la ambición. ¿No sois Cristiano y, como tal, imitador nato de JESUCRISTO y obligado a la práctica del Evangelio?...

Decidme si no: este JESÚS de Nazaret, pobre desde que nació, perdido en la obscuridad hasta la época de su Apostolado, fatigado con el peso injusto de las contradicciones, de los ultrajes, de las calumnias con que le pagaban sus desvelos y maravillas que hacía en bien de los mismos que le despreciaban; y, por último, sacrificado en virtud de una sentencia inicua de muerte... este JESÚS, digo que es vuestro Dios e indispensable modelo, ¿qué ejemplos os ha dado?, ¿qué preceptos, qué instrucciones os ha dejado en su Evangelio? ¿Cuál es, entre otras, la virtud que más os ha recomendado como fundamento y puerta del Paraíso?... ¡Acaso lo ignoráis!... ¡Ay!... *La humildad*...

¡La humildad, virtud que aborrece la naturaleza degradada y que Dios y sus Santos honran! La grandeza, la nobleza de esta virtud es la que JESÚS ha querido dar a conocer al mundo sacando repentinamente del polvo donde yacía, a una Virgen desconocida para sublimarla al grado más alto de gloria: ¡y ha subido, en efecto, con la rapidez del rayo y, sentada sobre ella como en un trono, invita desde él a las almas noblemente ambiciosas a que la sigan! Sin cesar les repite las palabras del Salvador: *el que se ensalza será humillado; y el que se humilla será ensalzado.* ¡Oh, si los orgullosos pudiesen entenderlo! Pero andan demasiado ocupados en repartirse el poder y las honras que otros se han visto precisados a dejar. Tal vez gozarán de ellas algunos momentos, y en pos vendrán la esclavitud y la confusión eterna... ¡Insensatos y desventurados!... No, no escaparán, a menos que consientan en humillarse.

---

[49] *Deposuit potentes de sede, et exaltavit humiles.* Luc. I. 52.

La segunda lección que nos da SANTA FILOMENA es una *Lección de Pureza* y, lo que es más aún, de *pureza Virginal*. Lección de la mayor importancia y de la mayor necesidad en un siglo en que se puede decir con verdad *que toda carne ha corrompido su camino*. Pero ved aquí que en medio del pantano cenagoso donde se reúnen tantas inmundicias aparece una Azucena cuya hermosura deslumbra mis ojos. Flor encantadora, digo yo, ¿quién te ha trasplantado al valle impuro en que te veo? ¿No temes el aire pestilencial que te rodea ni las aguas sucias y corrompidas que se acumulan sobre ti? Mira que pueden levantarse del suelo infecto en que estás plantada manos envidiosas de tu belleza y nosotros no podremos socorrerte sino con sentimiento y lágrimas. No: yo voy muy errado. Nada tienen que temer de la malicia de los mortales ni de la rabia infernal, su airoso tronco, ni su brillante cáliz. Dios la ha hecho aparecer entre nosotros; pero la alimenta un jugo inmortal y la protege la diestra del Todopoderoso. Esperemos un poco, y veremos retroceder a su presencia, como a la del Arca, las ondas impuras. En derredor de ella se forma un jardín risueño..., ¿qué flores nuevas son estas?, ¿son también Azucenas? Sí, son Azucenas tiernas, cuyas raíces chupan su savia en las suyas; cuyo cáliz brilla con el reflejo y hermosura de la Azucena que las ha criado y las alimenta. ¡Oh, qué maravilla tan grande! ¿Quién querrá creerlo?

Aquellos que hayan leído este opúsculo con atención, y que han penetrado el sentido de esta alegoría. La azucena es SANTA FILOMENA. Aunque de tan tierna edad, conoció y apreció la Virginidad en su justo valor. La mano de un Emperador, la majestad del trono, los honores consiguientes a este rango supremo, todos los bienes, las glorias todas reunidas, le parecieron nada, comparadas con este celestial tesoro. Así que, resuelta a conservarlo en toda su integridad, lo aseguró con el sello de un voto perpetuo; sin que nada, ni aun las amenazas de la muerte más cruel, pudiesen romperlo, ni aun mitigarlo.

Vuela, en fin, esta Virgen fiel a su celestial Esposo: recibe de su mano la corona y la aureola, y se le dice que descanse un poco de tiempo, mientras llega el día en que, cesando su esterilidad, presentará a JESUCRISTO una multitud de Vírgenes que serán hijas suyas por estar formadas por su espíritu y por su ejemplo. ¿Y cuál será el siglo de oro en que se verá esta maravilla sobre la tierra? ¡Pero qué digo siglo de oro! Si tal fuese, ¿habría quien se admirase de un prodigio de que se avergüenza y casi hace desesperar al nuestro? ¡Siglo de barro y de putrefacción, para ti ha preparado el Señor esta gracia en su infinita misericordia! ¡Ella servirá para tu mayor desdicha en el día del juicio si no la aprovechas conforme a los fines de la amable Providencia que te la envía! ¡Ah!, son demasiado claros para que no los comprendan con facilidad hasta los entendimientos menos perspicaces.

El mundo o el mundano conoce la ley de Dios y la estrecha obligación que le impone de huir, en cualquier estado que se halle, de toda especie de impureza. Él sin embargo dice que este precepto es imposible y, abandonándose a las ocasiones peligrosas de que está rodeado, sin precaverse contra el torrente del ejemplo, ni contra la debilidad de la carne; sin darle pena las relaciones que tiene o que puede verse precisado a tomar; se persuade falsamente que las leyes, rigurosas salvaguardias de la pureza, se hicieron solo para los claustros y para las personas que los habitan. De aquí procede la libertad, o más bien la licencia, a que se abandona. No sabe avergonzarse de los excesos de la obscenidad y, cuanto mayor es la audacia con que rompe los límites de la modestia y de la decencia, tanto más acreedor se juzga a los aplausos y aprecio de sus semejantes. Pero no nos detengamos más en este triste cuadro, porque se manchará quien quiera pasar por tanta inmundicia. Da bastante idea del mundano el animal sucio que se revuelca con placer en un lodazal infecto.[50]

Ya es tiempo de que nos ocupemos del medio de que se ha servido la Providencia para confundirlo y condenarlo. Ensalza desde luego la pureza perfecta en una Virgen y la coloca en los altares. ¡Vea el mundo a SANTA FILOMENA y avergüéncese! No tiene que buscar sobre su carne el carácter de la bestia de que él se gloría; no se encuentra, porque no ha estado jamás en el cuerpo virginal de nuestra joven heroína. Este es uno de los títulos principales por donde es acreedora a los homenajes del universo entero y a la gloria con que el Cielo la corona. Pero tal vez ni su posición ni su estado ni las circunstancias de su vida la expusieron a los infinitos peligros de que hormiguea la tierra… Al contrario: jamás se vio una azucena más cercada de espinas: nunca se vio una virtud más expuesta a tentaciones delicadas: en ningún tiempo se empleó una seducción más capaz de rendir un corazón joven, más poderosa sobre la imaginación, más a propósito para conseguir el fin que se propusieron los enemigos de la pureza de esta Virgen admirable. Ella no conocía otro claustro que el palacio de su padre y el retiro a que la obligaba la ley de Dios y la práctica de las virtudes que impone. El siglo en que vivía, aunque santificado ya con el buen olor del cristianismo, no era todavía el del

---

[50] *Sus lota in volutabro luti.* II. Petr. II. 22

triunfo de la fe y de la moral. Aún inundaban el mundo los paganos y sus dioses impúdicos: ¡y era tan fácil entonces permitirse los desórdenes más vergonzosos apoyándose en el ejemplo de los unos y en la corrupción de los otros!... La fe tenía, sin duda, más imperio en los corazones; pero también la carne era más violentamente tentada y sus vicios tenían un aspecto menos disforme por la sencilla razón de que en todas partes eran adorados.

Ver después que el Emperador se humilla a sus pies; que es para él objeto de una pasión, que se espera hacer legítimo por medio de las promesas más lisonjeras; tener que luchar, no solo contra unas proposiciones grandemente seductoras, sino con el terror de las más imponentes amenazas y con el rigor de los más espantosos tormentos; oír los gemidos de un padre consternado, los gritos penetrantes de una madre a quien el dolor hace perder el sentido; verse tan joven, tan tímida, separada de lo que más ama, y con la perspectiva dura de un porvenir funesto para ella misma, para los autores de sus días y para los estados de que van a ser despojados por una sentencia injusta...

¡Oh, qué situación tan fecunda de pruebas y peligros para SANTA FILOMENA! Al considerarla, no puedo menos de exclamar con el Profeta: *Elevaverunt flumina Domine, elevaverunt flumina vocem suam* (Psal. 92). No son cualesquiera olas las que van a quebrar contra el dique de su Virginidad; son ríos salidos de madre, es el Océano embravecido el que ataca su constancia y que hace temer verla sepultada en alguna de las oleadas furiosas con que la acomete; pero no, añade el Profeta: *Mirabiles elationes maris; mirabilis in altis Dominus.* Cuanto mayor y más inminente es el peligro, mas y de modo más maravilloso se va a manifestar la fuerza del Altísimo. Se acabó el combate: triunfó la Virginidad: las olas que amontonadas venían contra ella con tanta violencia se han roto y retrocedido. Tal es la victoria de la fe. *Qui confidunt in Domino, sicut mons Sion, non commovebitur in aeternum.* Alegarán los mundanos en su favor unos peligros semejantes, no por esto serían más excusables porque la fe siempre les dice: antes morir que ofender a Dios ni aun venialmente; pero, en fin, soltarían una prenda por la que podríamos creer que no eran exageradas sus falsas razones, que no hay mala voluntad en las ocasiones peligrosas en que se meten y, en fin, nos darían alguna esperanza de que los veríamos algún día volver a Dios y a la virtud.

SANTA FILOMENA los desengaña por otro medio, además de su ejemplo. Hemos citado muchas veces los prodigios que ha obrado en favor de las jóvenes consagradas a Dios bajo el estandarte de la

Virginidad. Acaso diría entonces el lector, ¿qué cosa será esta? Helo aquí en pocas palabras. Al mismo tiempo que el Señor glorificaba a su Sierva con tanto prodigio, inspiró a las jóvenes el deseo de imitar sus virtudes, y la que más las enamoró fue la *Virginidad*, cuyo hermoso símbolo veían en las manos de la TAUMATURGA. Este deseo fue pesado, por decirlo así, en la balanza del Santuario y mereció la aprobación de derecho. Se hizo una regla, se acordó el traje, se establecieron prácticas y, en un abrir y cerrar de ojos, se vieron las villas y los demás pueblos de las inmediaciones de Mugnano llenos de Vírgenes consagradas a Dios por el voto de castidad. Se las llamó desde luego, y aun se las llama en Italia, *Monacelle di SANTA FILOMENA*: Las Monjitas de SANTA FILOMENA. No viven en comunidad, ni cerradas en claustro: en el seno de sus familias, en medio del mundo al que seguramente no pertenecen; en medio y confundidas con los demás fieles es donde estas Vírgenes consagradas a Dios practican su regla y guardan su voto con edificación universal.

León XII, de gloriosa memoria, vio en 8 de diciembre de 1827 la *Relación histórica* y con este motivo oyó hablar al célebre Misionero Don Salvador Pascali de estas nuevas Vírgenes: el Sumo Pontífice deseó que le hablasen de ellas con más extensión, y el Padre común de los fieles no podía menos de manifestar en su rostro el gozo que rebosaba su corazón; pero llegó a su colmo cuando entendió, pues no le habían dicho todavía, que vivían en el seno de sus familias y que eran de grande edificación al mundo que las veía. Entonces exclamó como arrebatado: *¡Este es, sin contradicción, el mayor de los milagros de la Gran Santa! ¡Qué! ¡En un siglo en que es universal la corrupción; en un Reino donde acaba de sufrir tanto la Religión, se encuentran aún almas puras y generosas que se atreven a despreciar públicamente al mundo y a la carne! ¡Yo las bendigo a todas!...* Y levantando el Vicario de JESUCRISTO sus dos manos llenas de los tesoros de la gracia, las bendijo diciendo: *¡Sean todas benditas!,* que fue lo mismo que dar una brillante sanción de este saludable instituto y proclamar altamente los designios de Dios en la aparición de la nueva Santa.

Está el mundo generalmente corrompido y, no obstante, se reúne alrededor de SANTA FILOMENA un rebaño de Vírgenes... Esto, sin contradicción, es un milagro, y milagro muy grande; tanto más digno de nuestra admiración, cuanto que la profesión pública de la Virginidad en medio de la universal depravación debe necesariamente llamar la atención, excitar la curiosidad e irritar la malicia de los corazones pervertidos. Pero ¿será este el único fruto de esta obra maravillosa del poder de Dios? ¿No podemos, no debemos suponerle otro fin, y fin nada difícil de adivinar? Quiere el Señor, no lo dudemos, hacer comprender a los hombres que pueden adquirirse las virtudes más delicadas en todo tiempo, en todo lugar y en todas las condiciones: aún más; que se pueden conservar y perfeccionar a despecho de los furores de la carne, del mundo y del demonio. Jamás nos falta su gracia y, como la voluntad no ponga obstáculos, no podrán triunfar aquellos terribles enemigos, aun del niño más débil.

Puede ser, también, que la Sabiduría divina tenga otros fines más profundos. Agrada la Virginidad a Dios soberanamente porque, como dice San Pablo, *consagra* en alguna manera *la criatura a su Criador*;[51] pero como en los tiempos en que vivimos *se han como clavado en el mal los pensamientos del hombre*; la Virginidad se ha hecho muy rara. Es verdad que en medio de los espantosos desiertos que ha formado la corrupción en su paso asolador, han quedado todavía algunas como islas afortunadas donde no ha podido entrar el torrente del mal para hacer en ellas sus ordinarios estragos. Pero estas islas, estos jardines, o son ya muy pocos o, si bien los hay en algunas partes, solo se abren a las que tienen medios para alargar el dote necesario para la manutención. De aquí procede que sea tan escaso el número de flores que cultiva la Virginidad. No puedo, dicen estas jóvenes, pagar el dote al Convento y habré de pensar en colocarme. Desde este momento salen fuera del imperio, tan grande y tan atractivo para ellas, de la Virginidad; y fuera también, con frecuencia, del de la gracia.

Los cuidados, el deseo de agradar, la solicitud y la agitación del siglo, absorben su espíritu y llenan de escombros su corazón. Pues bien, para estas principalmente y para las que atraiga su ejemplo, ha abierto nuestro Señor un camino tan fácil para practicar la virtud de los Ángeles. SANTA FILOMENA trae a la tierra la llave de este nuevo Edén. Puede que no tenga los matices delicados que contiene la del Claustro; ¿pero no quedan bien compensadas con la parte que les toca del Apostolado? Ello es, que se levanta un monumento de santidad en medio del mundo para notificarle el poder de la fe y el triunfo de la gracia sobre la naturaleza y sobre los sentidos; un fanal brillante que ilumina un océano tempestuoso para indicar a las almas inciertas un puerto desde donde, sin huir la tempestad, pueden insultarla impunemente: un sol que atravesando por densas y obscuras nubes sirve, si no para disiparlas, a lo menos para hacer ver toda su fealdad;

---

[51] *Virgo cogitat quae Domini sunt, ut sit sancta, corpore et spiritu.* I. Cor. 7.

con lo que, pronto o tarde, veremos, si no la conversión de *un pueblo sentado en las tinieblas*, a lo menos la justificación victoriosa de la Providencia en el día en que JESUCRISTO venga a juzgar el Universo. ¡Oh, qué misión tan gloriosa!..., pues tal es la de las Vírgenes consagradas a Dios bajo la protección de SANTA FILOMENA, mirada por el lado que acabo de presentar.

La tercera lección que, en alguna manera, corona las otras dos es una lección de *generosidad*. Quiero complacerme en ver a SANTA FILOMENA cercada del imponente aparato de un sacrificio heroico. A su espalda, y allá en medio de los mares, está la isla en que manda su Padre como Soberano: llegará un día en que la heredera de su poder, dueña única de su corazón, hará la felicidad de sus vasallos, quienes, por su parte, se esmerarán en hacerla feliz con su fidelidad y afecto. A su lado se ve un padre, de quien es único vástago, que funda toda su esperanza en esta hija amada entrañablemente. Sus prendas, sus virtudes y la generosidad de sus sentimientos la hacen infinitamente amable. Parece que no vive sino para ella. ¡Ah!, ¡cuán lejos está de pensar que un instante, una sola palabra va a separarle de su lado para siempre!... ¡Y su madre!... esta madre de quien hasta hoy ha sido la compañera inseparable: ¡estos dos corazones que no hacen más que uno y una sola voluntad y una sola inclinación y una sola comunicación de agasajo y de ternura!... ¡Oh, qué dolor tan cruel cuando la cuchilla implacable venga con sus golpes verdugos a separar con horrible violencia a una madre tierna de hija tan amada!

Delante de ella está el trono más majestuoso, el más bello del Universo. El que se sienta sobre él hace temblar con una amenaza a los pueblos y a los Reyes: FILOMENA lo ve y, si la fe no ilustrara su alma, debería creer que cuando las grandezas se le huyeren de las manos, publicaría un pregón por todo el Imperio que había sido colocado en el número de los Dioses. Entre tanto, el respeto la tiene noblemente postrada... ¡Pero puede levantarse; subir las gradas del trono y sentarse al lado de este semi-Dios...! ¡Gran Dios, qué momento tan peligroso!, ¡cuán temible es un deslumbramiento a vista de tanta grandeza, de tanta gloria! Sus padres están postrados a su lado y, entre tanto, un Emperador no quiere que lo esté la que desea sentar en su trono: el soberbio Diocleciano baja y se humilla. ¡El dueño del mundo y el mundo entero están a tus pies: FILOMENA, escoge! Habla: ¿qué aguardas? Mira la púrpura imperial, la Corona y el Palacio de los Césares; esa Corte brillante y numerosa, esos inagotables tesoros donde entran sin cesar todas las riquezas del Universo... Habla, y todo es tuyo.

Pero si te niegas, vuelve una mirada a este otro lado; ve allí el cadalso que te está preparado y con él las penas más infamantes y crueles. ¡Cielos, qué alternativa!, ¿por qué se ha de haber hecho para la debilidad de una doncella? No, FILOMENA es superior a su edad y a su sexo; su heroísmo viene del Cielo: una mirada de aquel que, tentado por amor nuestro hizo huir a Lucifer oponiéndole las verdades eternas, es una luz que ilumina su alma, conforta su corazón, y la hace invulnerable a tan pérfidos ataques. Se niega y venció. Cae bajo la cuchilla del tirano, y en seguida recibe la corona inmortal: se sienta en uno de los tronos eternos, entra en posesión de los palacios del mismo Dios, *y su reino no tendrá fin.*

Tal es (¡ah!, es muy poco decir) el *céntuplo* prometido a la generosidad cristiana; y si esto no fuese bastante, añado yo, reparad en el nuevo *céntuplo* que Dios en su infinita misericordia, y después de 1500 años, vierte en los tesoros de su generosa Esposa. Murió en Roma: y en Roma vuelve a resucitar su nombre con vida admirable. Esta capital del mundo pagano la vio enterrar sin gloria, y todo, hasta la memoria de su existencia, se sepulta en la triste noche de la tumba: pero Roma, ciudad santa, el centro, el corazón del mundo cristiano la desentierra con respeto del sagrado subterráneo donde descansan sus huesos; y después de haberla colocado en los altares del Rey de los reyes, reanima su memoria, publica sus virtudes y propaga su culto: la saluda, en una palabra, con el nombre de **LA GRAN SANTA**. FILOMENA desprecia un cetro deshonrado con mil injusticias; no quiere un imperio que puede quitarle la muerte; desdeña la obediencia pasajera y estúpida de esclavos o de vasallos interesados y viciosos… ¡y en medio de esto aparece de repente como soberana! Al cetro que tiene en sus manos y en que brillan a la vez la misericordia y la justicia, obedecen la naturaleza con sus elementos, la vida con los consuelos que la hacen apetecible, la muerte con sus leyes y sus víctimas; el Cielo entero, hasta el mismo Dios se complace en ensalzarla.

FILOMENA estremece al infierno con su poder, lo hace bramar de rabia y no se pasa día en que no aumente su desolación, ya arrancándole las víctimas, ya impidiendo que haga otras nuevas, ya fecundando con sus obras el campo que le ha entregado JESUCRISTO para que lo cultive. El imperio Romano, aunque vasto, reconocía límites; el de FILOMENA, resplandeciente con la majestad de Dios y fuerte por su autoridad suprema, no reconoce ningunos, ni puede reconocerlos; *porque toda la tierra y la plenitud de las naciones son del Señor.* Pero supongamos por un instante que, dueña de todos los tesoros de la tierra y repartidora de sus riquezas, quiere derramarlos sobre toda especie de necesidades: ¿cuál será el resultado? ¡Oh, huid de aquí, metales preciosos y todas las riquezas del mundo! ¿Cuándo habéis podido vosotros volver la vista a los ciegos, la palabra a los mudos ni la vida a los muertos? ¿Cuándo habéis alcanzado a enjugar las lágrimas de una esposa ultrajada por su esposo, las de una madre a la vista del cadáver de su hijo, ni aun los lloros de un pobre niño castigado por su madre?

Pero esto es ya insistir demasiado sobre un asunto probado hasta la evidencia, por lo poco que hemos dicho de las maravillas de nuestra TAUMATURGA. Imitémosla en su generosidad, que Dios no será más avaro con nosotros que lo ha sido con ella. Y a la verdad, ¿no dice el Señor a cada uno de nosotros: marcha *delante de mí, camina a la perfección* de tu estado y *yo, yo seré tu inefable recompensa*? El hombre es naturalmente codicioso de su propia felicidad; en cualquier parte que la vea se abalanza sobre ella: su prontitud y la rapidez de su arrojo son siempre proporcionales a la grandeza del bien que ve y a la esperanza de su plena posesión. ¿Y cuál premio mayor que el destinado a la generosidad? ¿Qué cosa hay más cierta que el goce de esta promesa? *Scio cui credidi*, decía San Pablo: *yo sé muy bien de quién me fío: estoy cierto de que me restituirá un día el depósito* de mis sacrificios y buenas obras, *que he puesto en sus manos*. Y con esta confianza marchaba el grande Apóstol a pasos de gigante por su carrera laboriosa, arrostrando las persecuciones, las tempestades, las cuchillas, mil muertes. ¿Por qué pues, no nos ha de ilustrar igualmente la fe? Nosotros sabemos lo que él sabía, su certeza es también la nuestra y, sobre esto, tenemos a la vista miles de ejemplares que no tuvo el Apóstol de las naciones.

Hablemos solo del de SANTA FILOMENA. En el día, en el momento de su sacrificio, no veía la realidad futura de las promesas divinas sino por la fe y por medio de su oscuridad. *Per speculum et in enigmate*: entre tanto, la separación de lo único que amaba en la tierra, la ignominia consiguiente a los suplicios, los agudos y prolongados dolores que la hacen sufrir y la horrible muerte que siempre tiene delante trabajan por destruir su fe, robarle su Dios y hacer triunfar a la carne, a la sangre y al vicio. *Sed in his omnibus superamus*. Pero la heroína vence en todos estos combates, *porque tiene fijo su corazón en las cosas invisibles* y con esto solo *es como si no fuese* cuanto la atormenta o puede halagarla, porque el sentimiento íntimo y sobrenatural de la fe y el gozo con que conforta su alma embota la punta aguda de sus dolores y la hace reírse de la rabia siempre creciente de su perseguidor y de sus verdugos. En vano hacen cavidades y una sola llaga de su cuerpo los azotes armados de plomo: en vano le quebrantan los huesos; en vano penetran las flechas agudas hasta las fuentes mismas de la vida: en vano se la quiere amedrentar haciéndola ver un abismo para tragarla... La vista sola de la felicidad que aguarda, de la corona que espera y de la gloria eterna e inmensa en que van a terminar tantos males, la anima a arrostrarlo todo, a sufrirlo todo, a devorar, por decirlo así, con insaciable ansia todas estas amarguras y dolores: *Et haec est victoria, quae vincit...* FIDES...

Quiero tomar aquí a Isaías, su voz, para gritar en medio del mundo pervertido por donde atraviesa llorando la generación presente de los fieles.[52] *Nación escogida, pueblo de Dios, acércate, escúchame; esteme atenta la tierra con todos los que la habitan... La indignación del Señor* se ha derramado y va a derramarse aún *sobre todas las naciones: ha llegado el día de la venganza, el año del juicio justo. Yo he visto caer a los vivos como caen las hojas de la parra y de la higuera: sus cadáveres hechos montones acá y allá exhalan el veneno de la muerte, y la espada del Señor* después de haber *devorado tantas víctimas* aún no está *saciada*, busca todavía, *hasta embriagarse, la sangre de sus enemigos.* ¡Oh, qué cáliz de dolores y lágrimas parece se está preparando allá arriba en las manos de la justicia de Dios!

¿Pero sus olas caerán solamente sobre *la carne corrompida y sobre los corazones impíos*?, si así fuese, no tendrían que llorar ni que sufrir los fieles. Pero nos dice San Juan que en los últimos tiempos hasta los buenos (y esta será una de las causas de la ira del Señor contra la tierra) hasta los buenos tendrán que llevar cruces bien pesadas, sufrir combates terribles y sostener luchas grandemente difíciles. Y *solamente los vencedores*, los que tengan *la señal y paciencia de JESÚS se sentarán con él en su mismo trono.*[53] Nos dice que cuando llegue *la tribulación grande*[54] correrá la sangre de los fieles, y la Iglesia, esta Esposa de Dios, *que murió y vive, será perseguida y también sus hijos* por el dragón infernal, que procurará hacer pedazos en sus manos *las Tablas de la Ley*, arrancar de los corazones *la luz de los preceptos evangélicos* y borrar de sus frentes el glorioso testimonio del Salvador.[55] Nos dice que una *bestia salida del mar* (el Anticristo)

---

[52] Isai. 24.
[53] Apoc. X. 21.
[54] Ib. VII. 14.
[55] Ib. XII. 17.

ayudada poderosamente *de otra bestia* que se levantará *de la tierra* (los falsos profetas, que serán los sacerdotes apóstatas) *se esforzarán a seducir a los habitantes del universo proponiéndoles la alternativa o de adorar su imagen* o de perecer de miseria, de vergüenza y desamparo. En el mismo lugar nos habla de una apostasía espantosa, que la cólera del Señor se prepara a vengar de un modo horrible. Por esta parte nada tendrán que temer los Santos; pero sí de los impíos que procurarán vengarse en ellos de sus padecimientos y los harán pasar por pruebas bien difíciles. *Hic patientia Sanctorum est.*

¿Pero deberá intimidarnos esta perspectiva, ni debilitar en nuestros corazones los sentimientos de la generosidad cristiana? Echemos, en tal caso, una mirada sobre el sacrificio, el martirio y triunfo de SANTA FILOMENA; y el poder de, que vemos y tocamos, haberle investido Dios la gloria, aun exterior, que se une a la infinitamente mayor de que goza en el Cielo, son otras tantas bocas que gritan a los corazones pusilánimes: *¡Confortámini, et nolite timére!* ¡Ánimo! No temáis: ¿qué importa que maten el cuerpo si no pueden tocar al alma? ¿Si te destierran, pueden por esto cerrarte las puertas del Cielo? Ríete de sus esfuerzos: sacrifícalo todo antes que mancharte con sus máximas y ejemplos: abandona tus bienes, tu empleo, tu reputación, tu familia, hasta tu vida: Dios y tu alma son antes que todo. ¿Qué pierdes perdiendo unos bienes perecederos? ¿Qué no ganas entrando por el camino de los sacrificios en el gozo mismo de tu Dios?... Sí, vendrá y serás salvo.[56]

Cuanto más tengas que sufrir, mayor será la medida de tu dicha: cuanto más te empobrezcas, más riquezas podrás tomar de los tesoros celestiales: cuantos más afectos sacrifiques (porque acaso tengas que sacrificar el de tu padre, madre, hermanos, hermanas, hijos y todos tus amigos para poder decir a Dios: PADRE MÍO, y ser llamado de él *hermano* y *amigo mío*) más y más deliciosamente nadará tu corazón en el océano del amor divino; más estrecharás contra tu corazón el de tu divino Maestro. ¡Oh encantadora generosidad, qué bienes hay que no prometas! Bien puede presentárseme tu cara exterior como un seto erizado de espinas; pero como yo lo salve, seguro estoy de hallar al otro lado un jardín donde mi corazón ha de nadar en delicias inefables. Pues bien, tú me has vencido, tú me has llevado cuanto poseo: ven, pues, y manda y prohíbe como soberana: yo te amo y me entrego a ti con plenísima voluntad, te se rinde mi corazón sin reserva. Y cuando,

---

[56] *Deus ipse venit, et salvabit vos.* Isai. 35.

despojado de todo para gozar mejor de tus promesas, te tome la mano para que me las cumplas, me darás el DIOS MÍO, que es el Grande, el Único Todo por el que suspiran mis deseos.

3.º A la instrucción que nos da SANTA FILOMENA es necesario añadir aún el *ánimo* (esfuerzo, valor). Tal vez se juzgará que esto es una repetición, pero no: es otro el asunto de que vamos a ocuparnos: es una ojeada que vamos a echar sobre la economía de la divina Providencia y sobre los amabilísimos cuidados que prodiga a sus hijos. La impiedad, aunque estéril en sí misma, ha tenido el admirable talento de hacerse fecunda, renovando las blasfemias de los días antiguos. El célebre dialoguista, enemigo jurado de todos los dioses, y principalmente del único Dios Verdadero, que en su inmutable justicia lo condenó a ser devorado de los perros, se atrevió a proferir entre otras mil blasfemias, la siguiente: «Qué locura creer que el Ser por excelencia extiende a los hombres su solicitud! En verdad que sería una ocupación bien enredosa y bien triste. ¿Y nosotros habremos de creer que se deshonre hasta este punto?».

Lo que dijo este impío, lo ha repetido por mil bocas el eco servil de la filosofía moderna, llevado en infinitos folletos hasta las extremidades del universo. Es el punto de apoyo de donde parte, para decir con énfasis, tan blasfemo como orgulloso. *no hay más que un Dios en el Cielo y un Señor en la tierra; y este soy Yo...* Calla, miserable, calla, le contesto yo con San Agustín;[57] confesar la existencia de un Dios y negar su influente providencia, *es la más caracterizada y evidente de todas las locuras. Apertissima insania est.* Mas por no apartarme más de mi propósito, me contento con decir con el célebre Lesio: *Nos bastaría*, dice, *aun cuando no tuviésemos otras pruebas, ver los milagros que se hacen entre nosotros para convencer a cualquiera de los cuidados no comunes, sino especialísimos, de la divina Providencia con sus criaturas.*[58] *Estos milagros*, añade, *se hacen invocando a los Santos y, principalmente, a la Bienaventurada Virgen María. Se verifican en todos los puntos del mundo. Son numerosos,*

---

[57] Aunque para estos hombres basta que la autoridad que se cita sea de Santo u otro hombre insigne hijo de la Iglesia Católica para despreciarla; será siempre contra toda razón no admitir la de un ingenio superior. El entendimiento vivo, claro, exacto y profundo de San Agustín, dice un publicista moderno, es uno de los que más honran la especie humana. Lo mismo digo proporcionalmente de los demás Santos. (N. D. T. E.)

[58] *De Prob.* lib. 1. §. 9. n. 121.

evidentes, palpables. Solo dejan de creerlos los que cierran los ojos y tapan sus orejas para no verlos ni oírlos.

Esto es justamente lo que vemos en nuestros días y lo que nos obliga a gritar a los fieles: Apartad vuestros ojos de *las cátedras donde está sentada la impiedad* como podéis alejarlos del aspecto asqueroso del vómito y contemplad conmigo las obras de Dios Todopoderoso. ¡Oh, cuánta confianza no debe inspiraros un espectáculo tan dulce! Una madre vigilante, la más tierna de las madres, no tiene con vosotros los cuidados con que os acaricia la providencia de este buen Dios, a quien servís. Porque, ¿qué ha hecho y qué hace todavía por la mediación de SANTA FILOMENA? ¿Hasta dónde no llegan los desvelos minuciosos de su amor?

La choza del pobre, los surcos regados con el sudor del labrador indigente, la oscuridad de las aldeas, el parto doloroso en que gime la enferma abandonada, la cuna misma de la infancia, tales son los teatros del poder del Señor; aquí es a donde desciende su adorable majestad; aquí es donde escribe con caracteres resplandecientes: *Hay una Providencia llena de amor. ¡Feliz el que pone en ella su esperanza! Cualesquiera que sean las miserias de aquí bajo, estoy pronta a aliviarlas en los que me invocan.* Los humildes, los pequeñuelos han comprendido perfectamente este lenguaje; así es que los veo acudir de todas partes… ¿A dónde va esta multitud? Hombres y mujeres, viejos y niños, jóvenes de ambos sexos, ¿a dónde vais, qué buscáis? y me responden como los pastores primeros adoradores de un Dios niño: Vamos a una nueva *Belem: corremos a ver lo que hay allí; lo que se ha dignado manifestar el Señor en su misericordia.*

SANTA FILOMENA los recibe con los brazos abiertos: los bendice, y esta bendición produce favores de toda especie… Vuélvense, y llevan el corazón lleno de paz y el gozo rebosando en su rostro. El uno dice que ha visto a la Santa y le ha curado un dolor envejecido; el otro asegura haberla oído y prueba luego lo que dice con el puntual cumplimiento de lo que le predijo: la otra es una madre venturosa, que presenta muy ufana el fruto de sus entrañas; «muerto estaba, dice, y de repente me lo volvió a la vida». Este se detiene como sobrecogido de asombro, contempla uno de sus miembros en que la putrefacción hacía estragos: «¡qué, dice, ni gangrena ni aun señal de la llaga!...». ¡Oh, cuánto más hábiles son las manos de Dios que la ciencia más nombrada de la tierra! Y esta otra, ¿a dónde va tan noblemente orgullosa con un vaso frágil en las manos? Véola entrar en su cabaña y, convocando a su familia le refiere la creación repentina de un aceite milagroso que encuentra en abundancia donde no había absolutamente para sus necesidades. Mas lejos veo una casa hospitalaria; el vino va a faltar, como en las bodas de Caná, muy a deshora y he aquí que sucesivamente se van llenando una porción de vasos. Ningún huésped se sale sediento: han venido a honrar a SANTA FILOMENA y SANTA FILOMENA ha provisto abundantemente a sus necesidades. En otra parte advierto una lucha que no puedo comprender; en un lado veo confusión y remordimientos, y en el otro regocijo y triunfo.

—Buena mujer, ¿qué es eso que saca de la casa de su vecina?

—¡Qué ha de ser, un vaso de cobre que me había quitado!

—¿Quién te ha dicho que es el tuyo, le replica una voz entre tímida y enojada?

—¿Quién? SANTA FILOMENA me ha dicho dónde lo tenías oculto. Vea usted, me dice, sin esto no hubiera tenido qué comer mi familia el día de la fiesta de nuestra Santa.

—Pero me llama la atención una joven que veo allá bajo, en el camino de Mugnano a Monteforte. ¡Cuán bella es, cuán interesante la sencillez de sus vestidos!, se diría que viene a traer consuelos desde el Cielo a la tierra.

—Sí, ella es: SANTA FILOMENA es: la conozco muy bien por la obra de misericordia que la veo practicar.

Bájase y coge algunas yerbas... «Buena mujer, dice acercándose a una esposa afligida, ¿por qué estás tan acongojada? Yo conozco la enfermedad que tiene tu marido: mira, aquí está el remedio». Después, acercándose a éste: «ánimo, buen hombre, le dice, eso no es nada: antes que llegues a tu casa estarás completamente bueno». ¿Y la bella joven?... Desapareció; el mal también: el vacío que deja uno y otro lo llena el más tierno reconocimiento.

Vamos ahora a aquella Villa y entremos en la casa del virtuoso Arcipreste, que tiene algo que contarnos: «sí, contesta, y lo sé de una boca inocente. Esta niña de tres años padecía cólicos muy fuertes: su madre le aplicó una imagen de la Santa, y un momento después se queda dormida. Despierta y dice a su madre: "mamá, mamá, he visto a la Santa y me ha dicho: 'arriba, hermosa mía, arriba, levántate y te se quitará el dolor'"».

Aquí alegría; pero un poco más allá veo tristeza.

—¿Qué tiene, buena Angela?, ¿qué ha hecho tanto tiempo cerca de la Santa, lamentándose y casi regañándola?

—¿Pues qué no sabe usted lo que me sucede?

—¿Qué?

—Que he criado una pollita para la Santa; estaba muy regalada y se me ha perdido: hace dos días que la busco y no hay medio de encontrarla: SANTA FILOMENA podía volvérmela; pero aquí puede usted ver lo poco que ha cuidado de ella.

—Verdaderamente me agrada tu candor: tu fe, Angela, será recompensada.

Algunas horas después, y dos de entrada la noche, siente Ángela picotear en su puerta: abre y ve encima de la nieve de que estaba cubierto el suelo a la desertora tan llorada.

Vamos con otro consuelo. Lloraba el niño Moccia por haber perdido, jugando en el jardín, un anillo de mucho precio. Mientras hubo esperanza de hallarle, no se pasó de las reprensiones; ¡Pero qué tempestad no se mueve contra el pobre niño cuando se ha desesperado de encontrarle! La madre se compadece de él y hace una promesa a SANTA FILOMENA si parece el anillo. A la mañana siguiente, al abrir las puertas del jardín, atrae las miradas el anillo; que brilla del modo más gracioso, colgado en la rama de un rosal y próximo a la puerta.

Y este hombre inmoble en su cama y casi estúpido por la fuerza de su enfermedad, ¿no tiene nadie que supla su insensibilidad y silencio? Porque los Santos no vienen si no los llaman. Sí, sus hijas lo harán por él. En Marigliano ha entrado una estatua de la Santa: allá va la piedad filial a desahogar su pena. Acude SANTA FILOMENA: «levántate, dice al enfermo, estás curado, sígueme». Levántase y la sigue, pero viéndola desaparecer repentinamente se persuade en su sencillez que habrá entrado en alguna habitación de sus hijas. Llama, y estas conocen la voz; más como ignoran el prodigio, se llena su espíritu de pavor y sobresalto. En fin, refiere el Padre, el suceso: ellas lo ven en cabal juicio y salud, y las acciones de gracias resuenan por todas partes.

Basta ya. ¿No amaremos, Cristianos, no bendeciremos tan amable, tan buena Providencia? La evidencia de cuidados tan maternales, ¿no animará nuestro corazón a echarnos en los brazos a depositar en su seno todas nuestras esperanzas? *Jamás,* dice San Pablo, *queda confundida la esperanza que se pone en ella.* ¿Pues quién podrá con tal seguridad dejarse abatir y entregarse al desaliento? En los tiempos desgraciados, la pusilanimidad es enfermedad muy común, pues que entonces todo cuanto a uno lo cerca parece que titubea y amenaza ruina. Al paso que avanza la tempestad, que se oscurece el Cielo y se condensan las nubes, se aumenta también el espanto, se aceleran los latidos del corazón y parece va a faltar enteramente la confianza y el valor. Mas cuando estalla el trueno y parte el rayo; cuando se oyen los lamentos de las muchas víctimas que se cuentan a derecha e izquierda; entonces, el temor de ser blanco de los mismos golpes hiela la sangre en el corazón y no pocas veces acaba allí su fuerza...

¡Ah!, suplícote que *no temas, pequeño rebaño de JESUCRISTO*: pon los ojos en el buen Pastor que te conduce a los pastos celestiales: advierte que sus miradas nunca se apartan de ti, que sus manos, siempre poderosas, están prontas a defenderte, que su corazón, siempre amante, está abierto para darte un asilo y ponerte al abrigo de las más deshechas tempestades. ¿Crees, acaso, que *duerme* o que *sueña el guardia de Israel*? Espera un poco y verás cómo acude en persona a protegerte; y si él no viene, no dudes que enviará en su nombre, a alguno de los hijos de su celestial familia. SANTA FILOMENA ha venido: ¿por qué no has de ver por las obras el objeto de su misión que, en suma, es una bienaventurada Providencia para todo género de miserias? Si temes, invócala y verás cómo este recurso a su poderoso apoyo es para ti un manantial de consuelos. Y si, lo que no creo, fuese insuficiente su brazo para salvarte, ¿cuántos otros hay en los Cielos preparados a acudir a tu amparo, en el momento en que sepas, por tu fe, interesarlos en tu causa?

Ello es que todo estriba en este fundamento: *Euge, Euge*: ¡ánimo!, ¡nada de pusilanimidad! Es grande el peligro, me dirás tal vez, la debilidad mayor aún y las necesidades infinitas... No importa; *¿quid timidi estis?* No; no os desaniméis. Repara y verás muy cerca de ti al Dueño, al Dispensador de todos los bienes, al Salvador de los cuerpos y de las almas; ahí está la Providencia para servirte y más pronta que los Gentiles-hombres, que en la antecámara del Príncipe obedecen a la menor indicación de su voluntad. Este gran Dios, de infinita bondad, hace aún mucho más que estos criados. *Ecce sto ad hostium et pulso*, nos dice. Aquellos si se fatigan, se toman la libertad de descansar un poco; pero Dios siempre está en pie; no aguarda como ellos que lo despierten; porque impaciente por hacernos bien llama a nuestra puerta para animar a nuestro pobre corazón a que disponga sin reserva de su Dios, de los Ángeles y de sus Santos. Si aun así no pedimos, ¡oh bondad infinita de Dios!, se queja de nuestra poca confianza: *usque modo non petistis quidquam.* Hace tanto tiempo, dice, que os estoy convidando, que estoy llamando y no me pedís nada: *Petite, et accipietis, ut gaudium vestrum sit plenum.*[59] Pedid pues, y yo os daré a medida de vuestro deseo de modo que sea completo vuestro gozo. Y si a pesar de tan reiteradas instancias nos dejamos vencer de nuestra timidez; lo veremos a él, vencido de su propia generosidad, darnos sin que se le pida: *Non vultis venire ad me... Ego veni...* ¡Dios de bondad infinita!, ¡quién después de esto usará de reserva con vos! ¿Quién podrá ser tímido acercándose a vos?

¡Animo pues, otra vez!, que no es un hombre, es el Cielo entero quien nos grita. *Todo lo que pidáis al Padre en nombre del Hijo os lo dará el Padre... Quodcumque petieritis Patrem in nomine meo, ipse dabit vobis.* Ninguna diferencia se pone aquí entre las cosas grandes o pequeñas, fáciles o difíciles, posibles o imposibles. Porque, al fin, ¿qué dificultad, qué imposibilidad habrá para quien *todo lo puede*? Buen número de tiernos ejemplos tenemos de ello en las obras maravillosas de SANTA FILOMENA; pero necesitamos poner por nuestra parte una santa audacia, pues cuanto más nos atrevamos, más conseguiremos. Repara en este pasaje de San Bernardo, en que pinta tan bien las almas animosas, y que yo te ofrezco con el mayor placer.

Su magnanimidad, dice, *las hace contraer hábito de aspirar a las cosas más grandes; y el atrevimiento de la fe las hace dignas de entrar en la plenitud de los tesoros divinos. Tal fue la de un Moisés, que se atrevió a decir a Dios: si encuentro gracia en ti, enséñame tu Esencia. Tal la de un Felipe, que pidió para sí y para sus compañeros la merced de ver al Padre Celestial. Tal la de un Tomás, que negándose a creer metió sus dedos en las llagas de* JESÚS. *Sin duda, era algo imperfecta esta fe, pero su asombrosa pretensión tenía las raíces en el valor y grandeza de su alma. Tal, en fin, la de un David, que hizo a Dios esta oración: Señor, mis ojos te hablan y mi corazón te lo dice: yo me abraso por ver tu rostro. Estas almas,* continúa el santo Doctor, *pedían grandes cosas porque eran animosas y se les concedía lo que se atrevían a pedir conforme a lo que está escrito. Vuestro será, todo lo que pise vuestro pie. Una grande confianza merece, en efecto,*

---

[59] Joann. XVI. 20.

grandes mercedes y vosotros las conseguiréis también de Dios en proporción a vuestra confianza.[60]

— — — —

---

[60] *Serm. 32. in Cant.*

CAPÍTULO VI

𝒫𝓇á𝒸𝓉𝒾𝒸𝒶𝓈 𝒹𝑒 𝒹𝑒𝓋𝑜𝒸𝒾ó𝓃 𝑒𝓃 𝒽𝑜𝓃𝑜𝓇 𝒹𝑒

𝖘anta 𝕱ilomena

— — —

I. La práctica más sólida, y la menos usada tal vez en nuestra devoción a los Santos, es la de que habla San Agustín: *Cuando honremos a los Mártires,* dice, *no nos detengamos en pedirles bienes temporales; hagámonos, al contrario, dignos de los bienes eternos imitando sus virtudes. Solo honran debidamente a los Mártires los que se esfuerzan a seguir sus huellas. Porque, en fin, ¿podremos celebrar la gloria de su martirio sin sentirnos movidos a padecer como ellos? Pero ¡ay!, queremos gozar de su dicha sin participar de sus padecimientos y no es menester más para quedar excluidos de ella.*[61] Estas palabras nos indican bastante la intención principal del Señor y de su Iglesia en el culto que damos a los Santos. Intención bien claramente preconizada en el VII Concilio general celebrado en Nicea por estas terminantes palabras: *ut nos sanctitudinis eorum fiamus participes*; es decir, que imploramos la intercesión de la Purísima siempre Virgen María, de los Ángeles y de los Santos, cuyas reliquias honrarnos, *para hacernos participantes de su santidad imitando sus virtudes.* ¿Nos hemos resuelto a interesar muy particularmente a SANTA FILOMENA en nuestra causa?, meditemos su vida: contemplemos su martirio, reflexionemos sobre el heroísmo de su muerte; y haciendo aplicación a nuestro estado de las virtudes que más nos llamen la atención en la SANTA, animémonos a desarraigar de nuestro corazón los vicios o defectos contrarios: fortifiquemos, perfeccionemos el hábito de estas mismas virtudes con el frecuente ejercicio de los actos que emanan de ellas.

CONSIDERACIÓN I.ª

SANTA FILOMENA vivió en medio del mundo; yo también. ¡Pero qué diferencia tan grande entre los dos! Ella estaba enteramente

---

[61] 47 *de Sanctis*

desprendida del mundo; y yo vivo hace mucho tiempo fatigado con el peso de la cadena de sus máximas, de sus leyes y de sus impuros y ridículos usos. ¿No estoy ligado a él con alguno de los afectos reprobados en el Evangelio? ¿No procuro agradar a los mundanos y merecer su estimación? ¿No se precipitan mis deseos con cierto ímpetu en pos de esos bienes seductores, pero peligrosos, que veo tan en boga en el teatro de las vanidades humanas, etc.?... ¡Ah! Rompamos estos lazos, estas inclinaciones: ahoguemos estos deseos, aspiremos a bienes más sólidos. Ayudadme, SANTA FILOMENA: para mayor honra vuestra quiero hacer el sacrificio de, etc.

CONSIDERACIÓN II.ª

SANTA FILOMENA vivió en medio del mundo: yo tengo la dicha de estar separado de él y, por consiguiente, me hacen fácil la práctica de la virtud y la fuga del vicio mil medios que tengo a mi disposición y con que no fue favorecida la Santa. ¿Pero qué es lo que me dice mi conciencia? ¿Cómo estamos bajo este respecto? ¿Y si la balanza me es contraria, qué deberé inferir? ¡Ah, Señor, perdonadme el abuso de tantas gracias! No me castiguéis como a *Siervo malo y perezoso*. Quiero en adelante *ser fiel, generoso y emplear con cuidado los infinitos medios de santificación que me proporciona vuestra bondad*, etc. Esta resolución, santa gloriosa, la tomo para honraros, para imitaros: os suplico ayudéis mis esfuerzos, etc.

CONSIDERACIÓN III.ª

SANTA FILOMENA hizo voto de Virginidad. ¡Cuántos placeres, cuántas lisonjeras esperanzas anonadó con esta noble resolución! Este voto decidió su suerte futura y cercenó las mejores flores con que estaba adornada la corona real que le esperaba. ¿Pero qué importa?, se dijo a sí misma. *El mundo entero es nada al lado de un solo grado de perfección* que yo pueda añadir a mi alma. Vale más ser enteramente de Dios que repartir los pensamientos, los cuidados y afectos entre él y las criaturas. Es más prudente, más sabio apartarse lejos del peligro, que marchar siempre costeando por los bordes del abismo. ¡Cuánta nobleza encierran estos sentimientos, cuánta vida esta fe, cuánta generosidad este sacrificio! Tal vez me quiere llevar Dios por otro camino. ¿Pero he pensado bien en ello? ¡Ah! ¿Y si este otro camino no es el del Señor, sino el mío, o el del interés u otro afecto que no está en armonía con la voluntad de Dios?... Pero, en fin, todavía soy Virgen; ¿procuro velar por la conservación de esta piedra preciosa? ¡Son tantos los enemigos visibles e invisibles que se esfuerzan a robármela o a marchitarla cuando menos!... ¿He procurado amurallarla con la humildad, *con la modestia, con la oración y frecuencia de Sacramentos,* etc.... Si ya estoy ligada con el santo matrimonio, ¿tengo el respeto debido a la alta dignidad de Sacramento a que Dios lo ha elevado?..., etc. ¡Oh SANTA FILOMENA!, velad sobre mí desde lo alto de los Cielos, velad sobre el depósito de la castidad propia de mi estado... En honra vuestra voy a redoblar mi circunspección..., etc.

CONSIDERACIÓN IV.ª

SANTA FILOMENA renunció a los bienes más seductores del siglo... Conque comprendió bien aquellas palabras de Salomón: *vanidad de vanidades y todo vanidad* cuanto hay aquí bajo.... y no contenta con entenderlo, lo supo practicar en el momento más difícil, pero también más glorioso de su vida. ¡Dios mío, cuánto motivo de confusión para mí en este desprendimiento! Avergüénzate, corazón miserable, cautivo de tantas vanidades y juguete ridículo de su capricho. SANTA FILOMENA lo sacrificó todo y llegó a ser lo que es. Yo pretendo gozar de todo y me privo de los bienes que realmente merecen llamarse tales. Yo he creído que el mundo, con ser tan pobre, puede enriquecer a los que le sirven: que su ignominia (porque, al fin, ¿no está maldito por Dios?) puede conducirme a la verdadera honra y que pueden hacerme feliz unos placeres de que solo recoge amarguras. ¡Insensato! Es tanto más culpable mi error cuanto que me expone a los mayores peligros; porque, al fin, escrito está que *los amigos de este mundo son enemigos de Dios: porque el mundo con todo lo que es y con todo lo que tiene no presenta más que malicia.* Ya es tiempo pues, de desengañarse, *usando de este mundo como quien no usa de él*: esto es, despreciando todo lo que él aprecia y teniendo en nada todo lo que él ama..., etc. ¡Perdonad, Dios mío, mi antigua locura! SANTA FILOMENA, ayudadme a rectificar mis ideas, a romper mis relaciones y, aun, a sacrificarlo todo si Dios exige de mí este sacrificio, etc.

CONSIDERACIÓN V.ª

SANTA FILOMENA padece por Dios crueles tormentos... Era joven, delicada y de sangre Real. Bastante era esto para que el mundo y la carne la dispensasen de todo padecimiento: bastaba para ello disimular su religión. ¿Y podían ser más racionales ni más imperiosos los motivos? Nada menos se trataba que de sustraer a sus padres del furor de Diocleciano y de salvar su propia vida... Pero SANTA FILOMENA sabía la sentencia expresa del Salvador: *El que no aborrece a su padre, a su madre y su propia vida por amor mío no puede ser mi discípulo*. Practica, pues, lo que sabe y esto solo la entrega a los más crueles tormentos... ¿Qué juicio hago yo de semejante heroísmo? ¿Percibo a lo menos en mi corazón algún germen de él?... Tal vez soy fiel a Dios mientras nada cuesta ni a la carne ni a la naturaleza. Pero, en oyéndoles la menor reclamación, al punto retrocedo, aun a vista de los preceptos más rigurosos: dejo las prácticas más provechosas para mi alma y aun me llego a imaginar pretextos fantásticos para engañarme a mí mismo y librarme así de los remordimientos. ¿Y podré creer que con esta conducta he de llegar a un término feliz? Esto es absolutamente imposible. J<small>ESUCRISTO</small> solo llama *felices a los que practican lo que saben*. Si yo soy cristiano, he de parecerlo: y no puedo ni serlo ni parecerlo si no sigo fielmente a J<small>ESUCRISTO</small> *llevando mi cruz*, como él llevó la suya. Suframos pues, así lo quiero: cumplamos con nuestras obligaciones: arrostremos por los respetos humanos: mostrémonos en todo y por todo cristianos generosos y fieles. ¡Dios mío!, yo os lo prometo: dadme, por la intercesión de S<small>ANTA</small> F<small>ILOMENA</small>, la gracia para cumplirlo, etc.

CONSIDERACIÓN VI.ª

S<small>ANTA</small> F<small>ILOMENA</small> fue constante en medio de los más acerbos tormentos... Este es un prodigio de virtud más admirable, más raro aun que el precedente. Muchos son los que empiezan; pero se cansan luego, y retroceden. S<small>ANTA</small> F<small>ILOMENA</small> continuó hasta el fin. Ni un solo instante retrocedió a pensar en sí misma ni en su familia ni en las brillantes ofertas que la hacía el Emperador. Ningún sentimiento, ninguna queja, ninguna reconvención. El *fiat* del Salvador en el Huerto de las olivas es lo que asegura su elección y su vocación. ¿Es también esto lo que me tranquiliza sobre la mía?, ¿soy constante en mis proyectos de santificación? o ¿del número de los que viven una hora para Dios y un día para el mundo o para sí mismos? El Salvador compara a estos a *las cañas agitadas por el viento*. San Pablo dice que *están tocados de locura*. El Sabio los compara al más mudable de todos los astros: *stultus ut luna mutatur. Si no perseveras*, dice San Bernardo, *no esperes salir victorioso en los combates*: y si hoy fueses vencedor, no esperes sin la perseverancia que el laurel corone tu frente... ¡Ay, Señor!, ¿qué responderé a vuestra justicia? Mil veces he comenzado *por el espíritu* y he acabado *por la carne*. Tan pronto quiero ser virtuoso, como dejo de serlo, y un momento después de haber vuelto la espalda al mundo, le vuelvo la cara y le tiendo los brazos: más de una vez he echado noramala a las vanidades del siglo y no se ha pasado mucho sin verme nuevamente amarrado por sus cadenas. ¡Deplorable inconstancia! ¡Voluntad insignificante! Fijad, ¡oh Dios mío!, la volubilidad de mis inclinaciones y la ligereza de mis pensamientos. SANTA FILOMENA, alcanzadme la perseverancia en el bien, que es lo único que salva, etc.

CONSIDERACIÓN VII.ª

Dios auxilia poderosamente a SANTA FILOMENA en sus combates… Nueva prueba de lo que dice San Pablo: *Dios da los auxilios proporcionados a la tentación para poder resistir con ellos.* ¿Qué auxilios son estos? JESÚS mismo… JESÚS en los brazos de su Madre… María… Los Ángeles… El espíritu de fortaleza desciende al corazón de la heroína y puede exclamar con David: *El Señor es mi luz y mi salud: ¿a quién temeré? El Señor vela por la conservación de mi vida espiritual: ¿quién me hará temblar? Aun cuando vea reunirse a mis verdugos legiones enteras, no perderé la confianza. Dios mío, tú estás conmigo.* Arrostrará, pues, intrépida los tormentos y la presencia de los autores de ellos: llegará al término y recibirá la corona. ¡Oh SANTA FILOMENA!, ¿no hará Dios conmigo lo que ha hecho con vos? Él es vuestro Padre, ¿pero no soy yo su hijo? ¿Por qué, pues, me han de atormentar negras desconfianzas y el temor me ha de tener desanimado? *Feliz el hombre que sufre la tentación.* ¿Y quién dice esto sino el espíritu de verdad; el mismo que a San Pablo hace proferir estas expresiones: *Yo me glorío en mis padecimientos, porque ponen en prueba mi fidelidad; ellos me llenan de esperanza; y la esperanza no confunde?* Huyan, pues, de mí los temores vanos e injustos. En las tribulaciones me volveré a mi Dios: y en la tempestad yo sabré echar el áncora en su seno para hacer inalterable mi confianza. ¡Oh mi Santa Protectora!, fortificadme en estos sentimientos, etc.

CONSIDERACIÓN VIII.ª

SANTA FILOMENA sale victoriosa en todos los ataques que sostiene; y la muerte misma le vale una eterna felicidad: una corona más bella que las de todos los Potentados del Universo: unas palmas, cuales jamás empuñaron las manos de los Conquistadores más ilustres. En vano la vergüenza y el dolor apuran contra ella sus fuerzas… La victoria corona sus sienes en el instante mismo en que reunidos los esfuerzos de ambos, y creyendo haberla rendido, se encuentran con su propia derrota. La gloria corre entonces a servirla de vestido y los torrentes de delicias que salen de Sion la anegan en la inmensidad de su dulzura. Levanta ahora tu voz, ¡oh ilustre mártir!, e insulta a tus orgullosos enemigos diciéndolos con el Apóstol: *Vergüenza, dolor, ¿dónde está tu victoria?* ¿Qué se ha hecho del duro *aguijón* de tus dardos, del filo de tus cuchillas y del sello de ignominia e infamia que querías poner en mi frente? *He muerto y vivo*: he sido vencida y triunfo: he sido arrastrada a un cadalso y... ¡Vesme aquí llena de gloria en los Cielos! De este modo, la humillación es la precursora de la gloria y la cruz la prenda de la felicidad. ¿Lo he comprendido bien? ¡Ah!, si yo tuviese que luchar contra los enemigos más terribles y sostener los más sangrientos combates, ¿cuánto podría durar esto? *Momentaneum et leve*, dice San Pablo. Un momento, poco, casi nada; y después: *aeternum gloriae pondus*: un peso de gloria que vale nada menos que una eternidad. ¡Dilátate, corazón mío, con esta dulce esperanza, pues no solo te resignarás a cualquier sufrimiento, sino que saltarás de gozo: yo siembro, dirás, y la cosecha que se me prepara no es menos que de Cetros y Coronas! ¡Corred, lágrimas mías, una vez que a vosotras se ha prometido tan rico consuelo. ¡Amarguras, no huyáis de mí, que os siguen muy de cerca las más exquisitas dulzuras!... Penitencia, mortificación cristiana, acercaos a mí, puesto que sois el principio de una resurrección gloriosa. Sí, quiero sufrir para gozar; quiero pelear para vencer, quiero humillarme y ser humillado para que Dios me ensalce; quiero morir al mundo, al pecado, a mí mismo para vivir para Dios, en Dios y con Dios en su eternidad. SANTA FILOMENA, ponedme en este camino por donde vos habéis corrido; ayudadme con vuestra intercesión, así como me habéis ilustrado y animado con vuestro ejemplo, etc.

CONSIDERACIÓN IX.ª

SANTA FILOMENA aparece en la Iglesia militante para ejercer en ella un Apostolado admirable. No, no perecen las obras del justo con su vida temporal. Son una semilla enterrada por algún tiempo; pero viene el día en que brota de la tierra un hermoso tallo, que no tarda en coronarse de flores y frutos... La vida es un *invierno*: aguardemos que la muerte derrita el hielo, que se levante el Sol eterno y entonces oirá el justo una voz consoladora que le dirá: *Ya se pasó el invierno y las nubes se han disipado; levántate, amigo mío, y ven*. Entonces el justo, a manera de flecha disparada, comparece entre los moradores de los Cielos como una flor tan hermosa por su brillo como elegante por sus formas y, regocijados al verla, exclaman: *¡Una nueva flor ha aparecido en nuestros jardines: ven, ven, oh alma santa y muy amada!*, ocupa tu puesto entre nosotros y toma posesión de la gloria. Pero aún no basta esto: la tierra envía este presente al Cielo y es preciso que vea alguna señal de reconocimiento. Sí, se le dará; ella recibirá una lluvia de gracias: un rocío ora visible, ora invisible de bendiciones. No busquemos la prueba sino en SANTA FILOMENA, cuyos méritos, vivos después de tantos siglos, se nos aplican ahora en una abundancia que asombra al mundo. Por todas partes se habla de prodigios; y ¡tú eres, FILOMENA, quien los siembra en el universo a manos llenas! ¿Qué has hecho para conquistar tanta gloria? *Amó la justicia y aborreció la iniquidad... Su corazón, lleno de amor a la ley de Dios, se alimentaba con él de día y de noche, y ahora da su fruto este árbol plantado a la orilla de la corriente.* Regocijaos, pues, ¡oh Justos!, en el Señor; alabadle por los beneficios que os ha hecho y de los que habéis sabido aprovecharos tan bien. ¡Qué no pueda yo formarme por vuestros ejemplos para ser algún día tan fecundo como vosotros! Empiezo, en fin, a seguiros. Voy a sembrar mi tierra de muchos actos de virtud, pues cuanto mayor sea la sementera, mayor será la cosecha. Tomemos, pues, a manos llenas las virtudes cristianas en los tesoros de la *piedad*, de la *paciencia*, de la *caridad* y de la *obediencia*. Busquemos a Dios, y solamente a Dios, hasta en las acciones más pequeñas. Aprovechémonos de todas las gracias. Amontonemos, atesoremos para la Iglesia del Cielo y para la Iglesia de la tierra. Lo que hago para Dios, lo hago para mí, para los Ángeles, para los Santos, para los justos, para los pecadores. Démonos prisa, no perdamos tiempo. Ayudadme, SANTA FILOMENA: Vos también participaréis de los frutos de mi cosecha.

CONSIDERACIÓN X.ª

SANTA FILOMENA en su Apostolado declara la guerra al espíritu del mundo. Este es uno de los caracteres más claros y como el sello de la mayor parte de sus obras. Se advierte al través de la maravillosa grandeza que las distingue no sé qué *pequeñez evangélica*, cuyo objeto no es difícil de adivinar. Al pensar en ello, me ocurren aquellas palabras de Simeón: *su venida es para la ruina y para la resurrección de muchos*; es un estandarte contra el que se levantarán mil *contradictores*: mas diremos aún con el Salvador: *Nunc judicium est mumdi.* Dios viene a juzgar al mundo por SANTA FILOMENA: *el mundo*, esto es, la locura de sus pensamientos, las tinieblas de sus juicios y la confianza que tiene de sus luces. Si el mundo hubiese sido consultado sobre la calidad de milagros que deberían obrarse para el triunfo de la fe de la Iglesia Católica, única verdadera, ¿hubiera ni aun pensado en los que acabamos de citar? ¿En estos milagros que al fin serán para él locura y escándalo como lo fueron para los judíos y griegos los del Salvador? El mundo se reirá de ellos, los despreciará y acaso procurará servirse de ellos para volverlos contra la Iglesia misma; ¿pero en qué pararán estos esfuerzos? Ha llegado la hora de la humillación del mundo y es forzoso que beba hasta las heces del cáliz que Dios le ha preparado; pues mientras los haga asunto de sus risas y de sus insultos, los fieles se edificarán y sacarán esta conclusión práctica: Imitemos a Dios y a su Santa enviada, no sin especialísima providencia suya, cuando nos hallamos en esta alternativa con el mundo gangrenado y pervertido. Lo que a él desagrada, debe agradarme a mí: yo debo hacer aquello de que él se horroriza y si le parezco singular y ridículo, tanto mejor para mí: tanto mejor si no me ve en armonía con sus máximas y sus inclinaciones. Adórese enhorabuena a sí mismo, contemplando su imagen, aunque fea, que yo solo adoro a Aquel que se humilló bajo el poder de sus verdugos *hasta morir* con una muerte infame en los brazos afrentosos *de una cruz.* Vendrá un día en que me verán coronado por la Sabiduría divina, mientras que él y sus partidarios viéndose infamados, reprobados, confesarán a gritos su locura y yo quedaré suficientemente vengado... ¡Oh SANTA FILOMENA! Grabad en mi corazón el carácter antimundano que veo resplandecer en vuestra frente, etc.

Al presentar a mis lectores las Consideraciones precedentes, no he tenido otro objeto que proporcionarles el medio de coger los frutos sólidos de la devoción a los Santos. Pero si alguno quisiere que para facilitar más la práctica señale algunos actos particulares, aquí los tiene, conformes a los que parecen indicar las virtudes de la Santa. Así que, a honra suya, se podrá:

PRÁCTICAS.

1.º Velar con el mayor cuidado en la guarda de los ojos.

2.º Cortar visitas y conversaciones inútiles.

3.º Desterrar toda superfluidad e inmodestia en los vestidos.

4.º Privarse de lo que no tiene otro objeto que halagar a los sentidos y a la naturaleza.

5.º Cercenar cualquier desorden en los afectos.

6.º Aproximarse más a Dios con la oración y meditación.

7.º Esforzarse a conseguir alguna victoria señalada contra los respetos humanos.

8.º Dedicarse con el mayor celo a las obras de misericordia.

9.º Distinguir en sus cuidados y afectos a los pobres y a los niños.

10.º En las muestras de afecto y devoción a los Santos, imitar a los sencillos.

Una piedad verdaderamente ilustrada no puede menos de apreciar estas prácticas: aún hay otras que puede añadir y con ellas merecerá más y más los favores de Dios y de SANTA FILOMENA.[62]

ORACIONES

Quiero poner también algunas oraciones para toda clase de personas; pero antes, notar lo siguiente.

Si alguno, dice el Santo Concilio de Trento, *tuviese la impiedad de enseñar que no se debe invocar a los Santos que gozan en el Cielo de la Bienaventuranza eterna; que no ruegan a Dios por los hombres; que recurrir a su intercesión, es una idolatría condenada por la ley de Dios y contraria al honor de* JESUCRISTO, *único mediador entre Dios y los hombres;* SEA DESCOMULGADO (Sesión XXV).

La Iglesia Católica, Apostólica y Romana, de acuerdo en esto con la tradición, con los usos de los primeros cristianos y con las reglas establecidas por los Santos Concilios, enseña al contrario: que los Santos, que reinan con JESUCRISTO, *ofrecen sus oraciones a Dios por los hombres; que es bueno y útil invocarlos humildemente y que para obtener beneficios de Dios por* JESUCRISTO *su hijo nuestro Señor, que es nuestro único Redentor y Salvador, es ventajoso recurrir a las oraciones, al poder y a la intercesión de los Santos.*

Siempre han practicado los verdaderos hijos de la Iglesia lo que les enseña su Madre.

Escuchemos a San Basilio hablando de los cuarenta Mártires. *Implore su auxilio,* dice, *el que tiene el espíritu acongojado e imítele el que lo tiene alegre; pida el uno salir de la aflicción y el otro la continuación de su gozo... Derramemos nuestros deseos y oraciones en el seno de estos Mártires...* Y dando él mismo el ejemplo, *¡oh santa*

---

[62] Antes bien, añadid otras mayores, dice San Gregorio Nacianceno, y cuales convienen a los que honran debidamente a los Santos, a saber: la mortificación del cuerpo, el dominio del alma sobre los sentidos, la fuga de toda maldad y aumento de la virtud. *(Esta nota, que el Autor pone en latín, me ha parecido deberla poner, por su importancia, al alcance de todos. E. T. E.)*

compañía!, exclama: *¡oh batallón sagrado!, ¡oh falange invencible!, ¡oh protectores comunes del género humano! Vosotros, que de tan buena voluntad tomáis parte en nuestras solicitudes, que apoyáis con vuestro sufragio nuestras oraciones y nuestros deseos; vosotros, Embajadores poderosos, que deputa la tierra cerca del Omnipotente; astros del Universo, flores de la Iglesia, rogad por nosotros.*

Escuchemos ahora a San Gregorio Nacianceno dirigiéndose a San Cipriano. *Echad*, le dice, *desde lo alto de los Cielos una mirada favorable sobre nosotros; dirigid nuestras palabras y nuestra vida, uníos a nosotros para apacentar y gobernar estas ovejas, para defenderlas de las mordeduras de los lobos.* Y, en seguida, para dar un testimonio de la confianza que tiene en la intercesión del santo Mártir, añade: *Cipriano es todopoderoso; el polvo de sus huesos y, aun el de su tumba, tiene el mismo poder si lo veneramos con fe.*[63] Bien lo saben aquellos que lo han experimentado, viendo recompensada su fe con milagros.

Oigamos a San Efrén rogando a los Mártires. *¡Oh vosotros,* dice, *que arrostrasteis con la mayor generosidad todos los suplicios por vuestro Maestro y Salvador! Vosotros a quienes une con el Señor de todas las cosas la más íntima familiaridad; dignaos interceder con él a favor, os lo pedimos humildemente, de nuestras miserias y de nuestras vergonzosas negligencias. Pedid para nuestros corazones la gracia de JESÚS: pedid un rayo de su amor sagrado que, iluminando nuestras almas, las abrase también en el fuego de la más ferviente caridad.*

Veamos, en fin, cómo se explaya San Bernardo desahogando su alma en la del Mártir San Víctor. *¡Oh héroe,* exclama, *que después de haber sostenido el más duro combate gozas ahora de la felicidad de los Ángeles; mira estos tímidos, estos flojos compañeros de armas que hallándose aún en medio de las cuchillas enemigas se ocupan en cantar tus alabanzas!... ¡Oh vencedor ilustre, que supiste a un tiempo triunfar de la tierra y conquistar el Cielo desdeñando con santo orgullo la gloria de la una y haciendo al otro no menos santa violencia; mira compasivo a estos pobres cautivos y venga nuestra victoria, efecto de tu auxilio, a poner la última mano a tus gloriosos triunfos! ¡Cuán grande consuelo es, oh Víctor, cuán dulce y suave el honrarte, el alabarte, el encomendarse a ti en este valle de aflicción y en este cuerpo de muerte!... tu nombre, tu memoria, son un suavísimo panal*

---

[63] *Cyprianus omnia potest, et pulvis cum fide.*

que se deslíe en mis labios. Ven pues, atleta valeroso, protector amable, abogado fiel; ven, levántate para socorrernos: nosotros conseguiremos grande dicha y tú una nueva gloria.

Si tales son las oraciones de los Santos a otros Santos, ¿por qué nosotros, pobres pecadores, no imitaremos su ejemplo? ¿Acaso porque hemos estado o estamos amarrados todavía con las cadenas del pecado? *No, no,* nos dice San Ambrosio, fiel intérprete de la doctrina de JESUCRISTO. *Si te devora la fiebre del pecado, no dejes de acudir a los Santos. Ve y ruega a los Apóstoles, a los Mártires, a los mismos Ángeles y te se acercará la divina misericordia. Un corazón esclavo del pecado no es, sin duda, tan a propósito como el del justo para pedir la gracia que necesita; pero hay Intercesores cerca del Médico celestial para suplir lo que a él le falta... Orad pues a los Ángeles, a los Mártires; no tengáis reparo en emplear a favor de vuestra propia debilidad a aquellos que acaso tuvieron que lavar con su propia sangre otras tantas debilidades. Importunadles; que pueden rogar por vuestros pecados.*

Vamos pues, a hacer esto mismo poniendo nuestros deseos y votos a los pies de SANTA FILOMENA. Entre las prácticas usadas en Italia me han llamado la atención las *novenas* y los *triduos* que he visto hacer con grande aparato de culto y no menos devoción. En estos últimos regularmente está expuesto el SANTÍSIMO SACRAMENTO en honor de la Santa, porque nuestro Señor gusta de concurrir con la Iglesia a honrar a sus Escogidos. Por la mañana se celebra Misa solemne y por la tarde después del Panegírico de SANTA FILOMENA se da a la congregación de los fieles la bendición solemne con el SEÑOR. El altar en que está el Cuadro, Estatua o bien Reliquia de la Santa se adorna y se ilumina con la magnificencia posible.[64] A ninguna hora del día vi el templo desocupado; siempre había en él multitud de fieles que por las manos de su augusta Abogada ofrecían a Dios, unos solo la oración del corazón; otros rezaban el Rosario con fe y humildad; y muchos leían con recogimiento y devoción, bien las novenas, bien los libros de SANTA FILOMENA.

El corazón gusta de una santa libertad, principalmente en la oración. Dios entiende todas las lenguas y sabemos que prefiere la brevedad fervorosa a las prolijidades no animadas de la devoción. Sería

---

[64] Todo esto se debe a los Santos: pero algo hemos de dar también al genio de cada uno, si podemos hablar así; y en el discurso de esta obra hemos visto que nuestra SANTA gusta mucho de ser honrada. (N. D. T. E.)

mejor, pues, en mi concepto, dejar a cada uno que se arreglase el tiempo y forma de su oración. Mas, aun cuando no intentamos poner leyes a nadie, séanos permitido trazar aquí lo que puede practicarse, bien sea haciendo *Triduo*, bien *Novena* en honra de nuestra Santa.

1.º Adornad un Oratorio lo mejor que podáis y colocad en él la Reliquia o Imagen de la Santa, o uno y otro si lo tenéis.

2.º Si podéis, tened durante este tiempo, y sin interrupción, una lamparita encendida delante de la Imagen o Reliquia. Esto será una señal de vuestra devoción y como el símbolo de vuestra constante confianza en la Santa. Por medio de este aceite se ha obrado más de un milagro.

3.º Si hacéis cada día dos ejercicios, podéis en el primero meditar un rato tomando por materia alguna de las virtudes o milagros de la Santa, sacando consecuencias prácticas para mejorar vuestra vida, y concluyendo con la Letanía de la Santísima Virgen, repitiendo dos veces aquellos dos versos: *Regina Martyrum, Regina Virginum.* Al fin añadiréis:

℣. Ruega por nosotros, SANTA FILOMENA.

℟. Para que seamos dignos de las promesas de JESUCRISTO.

ORACIÓN

Ruégoos, Señor, hagáis que SANTA FILOMENA Virgen y Mártir, solicite vuestra misericordia para nosotros. Imploro su intercesión porque sé cuán agradable os fue siempre, ya por el mérito de su Virginidad, ya por lo mucho que honró vuestro poder con su muerte. Os lo pido por los méritos de nuestro Señor JESUCRISTO que con Vos y en unidad con el Espíritu Santo vive y reina por toda la eternidad. Amén.

En el segundo ejercicio, que podrán hacer las personas que por sus ocupaciones no tengan tiempo para los dos, se podrá leer un rato en este Opúsculo, reflexionar después sobre lo que se ha leído y concluir si se quiere con la oración siguiente.

ORACIÓN A SANTA FILOMENA.

Virgen fiel y Mártir gloriosa, que desde el Cielo, donde estás, te dignas derramar tan gran número de beneficios sobre la tierra, yo bendigo al Señor por las gracias que te hizo durante tu vida y principalmente en la muerte. Yo te alabo y glorifico por el honor y poder con que hoy estás coronada.

¡Bendito seáis Dios santo! ¡Dios admirable en vuestros Santos! ¡Dios justo! ¡Dios fuerte! ¡Dios de infinita misericordia!

Virgen fiel y Mártir gloriosa, cuya fe triunfó de todos los asaltos del mundo y del infierno; yo bendigo a Dios por vuestros triunfos. Yo lo alabo y glorifico por la fuerza victoriosa que os comunicó.

¡Bendito seáis Dios santo! ¡Dios admirable en vuestros Santos! ¡Dios justo! ¡Dios fuerte! ¡Dios de infinita misericordia!

Virgen fiel y Mártir gloriosa, que a los bienes visibles de este mundo preferiste los invisibles, pero inmensos de la santa Eternidad; yo bendigo a Dios por la esperanza firme con que fortaleció vuestro corazón. Yo lo alabo y glorifico por la victoria que os hizo alcanzar contra el tentador y contra vos misma.

¡Bendito seáis Dios santo! ¡Dios admirable en vuestros Santos! ¡Dios justo! ¡Dios fuerte! ¡Dios de infinita misericordia!

Virgen fiel y Mártir gloriosa, a quien no asustaron las aguas enfurecidas de la tribulación; ni pudieron, cayendo sobre vos, apagar el fuego de la caridad en que ardía vuestra alma; yo bendigo a Dios por la constancia que os dio. Yo lo alabo y glorifico por aquel noble ardor con que arrostrasteis los suplicios.

¡Bendito seáis Dios santo! ¡Dios admirable en vuestros Santos! ¡Dios justo! ¡Dios fuerte! ¡Dios de infinita misericordia!

Virgen fiel y Mártir gloriosa, cuyo brazo poderoso combate hoy con tanta gloria en favor de la Iglesia militante; yo bendigo a Dios por esta elección con que os honra. Yo lo alabo y glorifico por las maravillas sin número de que os ha hecho instrumento y cuyo fruto recoge la Iglesia Católica-Apostólica-Romana.

¡Bendito seáis Dios santo! ¡Dios admirable en vuestros Santos! ¡Dios justo! ¡Dios fuerte! ¡Dios de infinita misericordia!

Virgen fiel y Mártir gloriosa, yo me complazco en vuestra gloria: yo me regocijo al ver la que dais a Dios, mayormente por los milagros que obráis en favor de los pobres y de los sencillos. Yo ruego a la Majestad divina que haga conocer más y más vuestro nombre, resplandecer vuestro poder y multiplicarse el número de vuestros devotos.

¡Bendito seáis Dios santo! ¡Dios admirable en vuestros Santos! ¡Dios justo! ¡Dios fuerte! ¡Dios de infinita misericordia!

¡Virgen fiel y Mártir gloriosa: compadeceos de mí! Emplead en mi alma y cuerpo el ministerio de salud de que Dios os ha juzgado digna. Mejor conocéis que yo mis muchas y varias necesidades. Aquí estoy a vuestros pies lleno de miseria, pero también de esperanza: yo imploro vuestra caridad. ¡SANTA FILOMENA! escuchadme, bendecidme. Dignaos hacer que agrade a Dios la humilde súplica que os presento. *(Aquí se expondrá, con el corazón mejor que con palabras, la gracia que se desea conseguir).* Sí: tengo grande confianza de que por vuestros méritos, por vuestras ignominias, por vuestros dolores y por vuestra muerte, unidos a la pasión y muerte de nuestro Señor JESUCRISTO, conseguiré lo que os pido y diré con grande gozo de mi corazón:

¡Bendito seáis Dios santo! ¡Dios admirable en vuestros Santos! ¡Dios justo! ¡Dios fuerte! ¡Dios de infinita misericordia!

Padre nuestro y *Ave María* por N. S. P. el Sumo Pontífice, y por las necesidades de la Iglesia.

CONCLUSIÓN

He llegado al fin de este corto, pero interesante trabajo. Pido a Dios y a SANTA FILOMENA que me bendigan. ¡Oh! ¡Cuán feliz sería yo si con mis débiles esfuerzos contribuyese en algo a propagar un culto, al que la divina Providencia ha consignado tantas gracias!... ¡Dios mío!, en nombre de SANTA FILOMENA escuchad mi deseo. Y vos, ¡oh gran SANTA!, dignaos aceptar esta obrita que os dedico. Vuestro es lo bueno que hay en ella: mío lo que hay imperfecto.

A. M. D. G.

Otra Novena a

Santa Filomena

———

Ordinariamente se hace desde el 1.º al 10 de agosto, día del Martirio y de la Traslación de la Santa; pero puede hacerse en todo tiempo.

DÍA PRIMERO

Considera que SANTA FILOMENA fue Virgen y siempre pura… en medio del mundo… a pesar de la persecución hasta la muerte. ¡Qué modelo! ¿Podré yo mirarle despacio sin sentirme avergonzado? ¿Conociendo la causa de mi confusión, cuál sería el remedio?

PRÁCTICAS

1.º Oye misa a honra de la Santa y visita alguna de sus Estatuas o Imágenes si puedes cómodamente.

2.º Humíllate muchas veces por todo lo que en el curso de tu vida ha podido marchitar la pureza de tu alma, robándote así el tesoro más precioso.

DÍA SEGUNDO

Considera que SANTA FILOMENA fue constantemente pura e inocente porque supo mortificar sus inclinaciones, conservar en el uso de los sentidos *la modestia de* JESUCRISTO, mantenerse separada de un mundo perverso y de las ocasiones peligrosas. ¿La imitas en esta santa vigilancia?

PRÁCTICAS

1.º Como en el primer día.

2.º Huye de lo que sabes por experiencia te ha perjudicado: practica lo que tienes descuidado y que te conservará siempre puro y agradable a los ojos del Señor.

146

DÍA TERCERO

Considera que SANTA FILOMENA mantuvo y aumentó el amor que tenía a la pureza perfecta... por la oración, manantial abundante de vida espiritual... por los Sacramentos, en que el alma se lava en la sangre de JESUCRISTO y se alimenta con su sagrado cuerpo, germen divino de la virginidad cristiana... por la memoria de que sus miembros eran *miembros del cuerpo de JESUCRISTO y su cuerpo el templo del Espíritu Santo*... ¿No tienes tú los mismos medios?... ¿Qué uso haces de ellos?...

PRÁCTICAS

1.º Como el primer día.

2.º Redobla el fervor en tus oraciones... Procura decirte de cuando en cuando: mis miembros son los de JESUCRISTO... Yo soy el templo del Espíritu Santo...

DÍA CUARTO

Considera que SANTA FILOMENA fue Mártir... que tuvo que sufrir y sufrir mucho... hasta la muerte... que manifestó en sus tormentos una paciencia invencible... ¿Sufres tú con esta inalterable paciencia?... tú, entre tanto, pocas veces tienes que sufrir... y no mucho en ellas... y nunca hasta la muerte... ¿De dónde procede tanta flojedad?... ¿No quieres aplicar algún remedio? ¿Pero qué remedio hay?...

PRÁCTICAS

1.º Como el primer día.

2.º Sufre con paciencia los pocos dolores, contradicciones y penalidades que el Señor tenga a bien enviarte cada día.

DÍA QUINTO

Considera que SANTA FILOMENA sufrió el martirio por JESUCRISTO... Se quería arrancarle la fe... que quebrantase los votos que hizo en el santo bautismo... que siguiese el ejemplo de los idólatras y de los apóstatas... ¿Qué es lo que pretenden de ti en más de una ocasión, el demonio, el mundo, la carne y tu propio corazón, sino arrastrarte a que cometas iguales delitos?... ¿Cuántas veces un vano temor te ha comprometido hasta faltar a tus más sagrados deberes y aun hasta a tus juramentos solemnes?... ¡Oh Dios mío!, ¡qué cobardía tan vergonzosa!... Esfuérzate pues, que ya es hora de que tengas valor cristiano, etc.

PRÁCTICAS

1.º Como en el primer día.

2.º Procura conseguir alguna victoria contra el respeto humano; y no dejes de decirle de cuando en cuando: *mejor es agradar a Dios que a los hombres.*

DÍA SEXTO

Considera que SANTA FILOMENA hubo de practicar esta doctrina del Salvador: *El que no aborrece por amor mío hasta su misma vida no puede ser mi discípulo*... SANTA FILOMENA no titubea... todo lo sacrifica a despecho de los gritos de la sangre y de la naturaleza... ¿Y nosotros? ¿Nos mostramos dignos de JESUCRISTO, aun en ocasiones mucho menos difíciles?... En la competencia de Dios y el hombre, de la gracia y la naturaleza, del amor de Dios y los afectos humanos, ¿a quién damos la preferencia?... ¡Oh!, no degeneremos más de nuestra alta dignidad de hijos de Dios y discípulos de JESUCRISTO.

PRÁCTICAS

1.º Como el primer día.

2.º Esfuérzate hoy a no agradar más que a Dios o a las criaturas por Dios. ¡Lejos de ti todo afecto desordenado!

DIA SÉPTIMO

Considera que SANTA FILOMENA, muriendo por JESUCRISTO, hubo de sufrir burlas, sarcasmos y ultrajes, etc. de sus perseguidores, de sus verdugos, y aun de la mayor parte de los espectadores de sus suplicios... No fue en esto menos generosa... ni menos constante... ni insistió menos gozosa en la confesión pública de su fe... ¿Notas en ti disposición para arrostrar con iguales sentimientos tales amarguras si el mundo te diese a beber alguna vez en esta copa?... ¡Eh!, ¿qué importan sus desdenes, sus desprecios y sus persecuciones, aun las más injustas y sangrientas?... ¿Cómo puede creerse deshonrado el que es apreciado de Dios?... *No temas*... prosigue tu camino; mira que en acabando de andar te encuentras en la vida eterna.

PRÁCTICAS

1.º Como en el primer día.

2.º No des lugar a que se altere tu corazón o, cuando menos, no lo manifiestes si te dicen alguna palabra áspera, gravosa, picante u ofensiva, etc.

DÍA OCTAVO

Considera que SANTA FILOMENA, muriendo por amor de JESUCRISTO a todas las cosas de la tierra, entró en el gozo inefable de la vida eterna... Sí, *yo estoy cierta*, decía en su corazón, *que el Juez soberano me dará* por los bienes ruines que sacrifico por su amor, la corona de *justicia que me ha prometido*... Muere esta digna Esposa de JESUCRISTO, e inmediatamente brilla en el *tabernáculo de Dios*, entre la *dichosa comitiva que sigue al Cordero*. ¿Son estas las ideas que yo procuro recordar cuando se ha de hacer algún sacrificio?... ¿Qué efecto producen en mi alma?... ¿A qué lado se inclina la balanza?... ¡Ah! Los Santos decían: *para conseguir el todo, es necesario perder el todo.* ¿Y yo qué digo?...

PRÁCTICAS

1.º Como el primer día.

2.º Impone hoy algún sacrificio voluntario. Cumple con prontitud y buena voluntad con todas las obligaciones de tu estado, etc.

DÍA NOVENO

Considera que SANTA FILOMENA, después de haberlo sacrificado todo por amor de JESUCRISTO, recibe aun en este mundo, más del céntuplo de lo que sacrificó... ¡Qué reputación!, ¡qué poder!, ¡qué gloria!... ¡Cuántos grandes a sus pies!, ¡qué concurso de peregrinos honrando sus Santuarios!... ¡Cuántas y cuán magníficas fiestas!... ¡Qué tributos tan señalados de veneración a sus estatuas!, etc.... ¡Qué ansia por lograr alguna de sus reliquias!, etc. Así cumple Dios sus promesas. ¡Oh, si cumpliésemos nosotros con igual fidelidad las que le tenemos hechas!... Pero, privándolo de esta gloria, nos privamos nosotros mismos de infinitos méritos y favores en este y en el otro mundo... ¡Ánimo, pues!... Seamos fieles para que Dios lo sea con nosotros.

PRÁCTICAS

1.º Como el primer día.

2.º Haz hoy alguna obra de misericordia a honra de la Santa. Disponte por una buena confesión a recibir dignamente al SEÑOR.

ORACIÓN A SANTA FILOMENA
PARA CADA DÍA DE LA NOVENA

Gloriosa Virgen y Mártir SANTA FILOMENA, tan amada de Dios, yo os acompaño en vuestro gozo por el poder que os ha dado, para gloria de su nombre, para edificación de la Iglesia y para honrar los méritos de vuestra vida y muerte... Atraído por vuestros ejemplos a la práctica de las virtudes sólidas y lleno de esperanza al ver la recompensa concedida a vuestros méritos, me propongo imitaros en la fuga de todo lo que pueda dañar a mi alma y en el cumplimiento exacto de todo lo que Dios me manda... Ayudadme, ¡oh gran Santa!, con vuestra poderosa intercesión. Conseguidme, sobre todo, una pureza inviolable... Un valor invencible contra toda especie de asaltos... Una generosidad que por Dios no se niegue a ningún sacrificio... y un amor tan fuerte como la muerte a la fe de JESUCRISTO que profeso, a la Santa Iglesia Romana y al Soberano Pontífice, Padre común de todos los fieles, Pastor de los Pastores y de las ovejas, Vicario de JESUCRISTO en el Universo.

A estos favores, ¡oh SANTA FILOMENA!, que os pido con todas las veras de mi alma, añado estos otros que también confío obtener por vuestra poderosa mediación. (*Expónganse aquí a la Santa con sencillez, confianza y humildad*). No, este Dios bueno, por quien habéis dado vuestra sangre y vuestra vida; este Dios tan bueno, que es para con vos tan pródigo de sus favores y de sus dones; este Dios tan bueno, que me ha amado hasta morir por mí, hasta dárseme en sustento en la sagrada EUCARISTÍA; este Dios, digo, no se negará a vuestras súplicas, a mis deseos, y menos a la necesidad, que en cierta manera experimenta Él mismo de hacerme bien... Yo lo espero: yo pongo toda mi confianza en Él y en vos... Así sea.

— — — —

NOTICIA
de la Vida y Milagros del
Beato Valfredo[65]

— — —

SEBASTIÁN VALFREDO nació en Verduno, Diócesis de Alba, en 9 de marzo de 1629. Empezó a practicar desde niño aquella caridad de que más adelante fue tan señalado héroe. Cuando llamaba algún pobre a la puerta de su casa, inmediatamente avisaba el niño, repitiendo sin cesar: *que llama un pobre: ¡limosna, limosna!* Repartía con los pobres hasta el pan que le daba su madre para su sustento. Sabía distinguir, iluminado sin duda del Cielo, a los pobres más necesitados, y sus limosnitas recaían ordinariamente en más abundancia entre los que estaban animados de piedad verdadera y celo por la casa de Dios.

Era tan caracterizado en él este amor a los pobres que los vecinos acudieron muchas veces a los gritos del niño llevándole alguna cosa qué repartir a los que Valfredo llamaba ya sus buenos amigos.

Cuando Valfredo fue llevado a Brá para estudiar las humanidades, lo acompañó también el amor a los pobres que lo distinguió desde niño, pues distribuía a los desgraciados todo lo que le enviaban sus padres. Sus maestros lo proponían a sus condiscípulos como un modelo de piedad, de celo, de aplicación, de amabilidad y de caridad. Un día que disputaban dos estudiantes con mucho calor, llega Valfredo y empieza a rezar el *Padre nuestro:* cuando llegó a aquellas palabras, *perdónanos nuestras deudas, así como nosotros perdonamos a nuestros deudores,* los mira, los reprende con dulzura, y se le rinden como corderos, haciendo las paces. St. Paulo Brizia, Obispo y Conde de Alva, le dio las primeras órdenes. Estudió en Turín la Filosofía y la Teología, y en 1651 entró en la Congregación del Oratorio, recién establecida entonces. Acababa de morir Antonio Defera, su fundador, y amenazaba ruina la obra por falta de medios para sostenerla: en esta

---

[65] Extracto del Compendio *della vita, virtu é miracoli del B. Sebastiano Valfré.* Turín 1830.

ocasión apareció Valfredo que, sin otros medios que una fe viva y una confianza ilimitada en la protección divina, emprendió el sostener la obra del Fundador, y Dios ayudó a su siervo bendiciendo sus trabajos.

Elevado al Sacerdocio en 1656, concluyó sus estudios teológicos y recibió la borla de Doctor con aplauso universal de la Ciudad. Desde esta época se lo vio trabajar por espacio de doce años sin descansar, ni aun aflojar un momento, en aumentar la piedad de los individuos del Instituto, en arreglar hasta las cosas más pequeñas de la casa, en predicar, confesar, instruir a los niños, repartir limosnas, consolar a los afligidos, visitar enfermos, velar a la cabecera de los moribundos y prepararlos para una buena muerte. Cuando iba por las calles de Turín, en viendo algún grupo de gente, se subía sobre el poyo o piedra que acaso había próximos y, erigiéndolos en cátedra, se ponía a hablar sobre alguna de las grandes verdades de la Religión y el pueblo lo oía con gusto y grande recogimiento. Ochenta años tenía ya y aún gustaba de instruir al pueblo, para quien compuso y publicó la obra titulada: *Breve instruzione alle persone simplici*, que ha hecho tanto fruto y obrado tan gran número de conversiones. Gustaba mucho de instruir a esta clase de gentes, a quienes la ignorancia pone con frecuencia en el camino de la perdición; y para dar más extensión a este ministerio se asoció algunos sacerdotes celosos y sabios, quienes predicaban con él en distintos puntos todos los sábados. Entre tanto, Valfredo extendía su solicitud a las prisiones, donde consolaba a los desgraciados, los alentaba con la esperanza, los reconciliaba con Dios y les arrancaba lágrimas de penitencia. Las necesidades temporales eran, como siempre, objeto de su primera atención, repartiendo entre ellos las abundantes limosnas que le proporcionaba la caridad de los habitantes de Turín. Compuso un libro que llamó *Esercizii Cristiani propositi*, que es un modelo en su clase y un verdadero libro de oro.

Su celo se extendió por el mismo tiempo hasta los que se dedican a la carrera de las armas, escribiendo para ellos el *Modo di santificare la guerra*: es una especie de catecismo que repartió con profusión por los cuarteles y fortalezas. Estos ejercicios piadosos escritos con concisión y sencillez se adaptaban maravillosamente al genio del soldado. Cuando el pueblo tuvo noticia de este libro, lo adoptó también, en términos que no había casa donde no se encontrase un ejemplar.

En medio de estas ocupaciones no olvidaba Valfredo las almas de los favorecidos por la fortuna. En sabiendo que algún comerciante rico, artista o de otra clase daba algún mal ejemplo, procuraba (y sabía manejarse tan bien que casi siempre lo conseguía) introducirse en la casa del mal cristiano: y con sus consejos y dulzura lograba abrirle los ojos, y no salía de la casa sin acabar su conversión.

Algunas veces iba a las escuelas de los jóvenes para sembrar en sus corazones la semilla de la virtud. Con su semblante agradable y su lenguaje dulce e insinuante, empezaba haciéndoles algunas preguntas sobre la materia que estudiaban e insensiblemente introducía en sus reflexiones alguna advertencia espiritual, algun consejo sabio. Los jóvenes lo escuchaban como a un padre, como a un amigo; teniendo siempre la satisfacción de coger algún fruto.

Buscaba con particular empeño a los herejes y a los incrédulos, y raras veces los dejaba sin haberles visto derramar abundantes lágrimas de arrepentimiento. Si se obstinaban, entraba en materia con ellos más despacio; escuchaba sus argumentos y respondía con claridad y precisión, sin ofenderse jamás ni de su mal humor, ni de sus burlas, ni de sus ultrajes. Asombrado el impío de su saber, de su dialéctica vigorosa y de su piedad, rara vez se retiraba sin confesar su derrota. ¡Oh, cuán feliz era entonces Valfredo! ¡Y cuánta su amargura cuando no podía salvar un alma!

Estaba a punto de expirar un hereje, natural de León, que habitaba en Turín. Sábelo Valfredo y no quiere que perezca esta pobre alma. Consigue introducirse en la habitación del enfermo y este, conociéndole, declara que es y quiere morir protestante. El santo Sacerdote hace todavía esfuerzos: ruega y conjura, pero todo en vano: fue preciso salir de la casa. Sin embargo, no pierde la esperanza; y por la tarde logra otra vez llegar hasta la cabecera del moribundo; pero Dios no vino en dar a Valfredo el consuelo que esperaba de sus fervorosas oraciones: el hereje murió en su pecado.

Este celo por la salud de las almas se desplegó de un modo extraordinario cuando, arrojados los herejes en 1685 de los valles donde se refugiaron, fueron hechos prisioneros y conducidos en parte a la ciudadela de Turín. No pasaba día en que el santo Sacerdote no entrase en la prisión de estos desdichados, llevándoles con la palabra divina el auxilio de sus abundantes limosnas; sin que fuesen bastante a retraerle ni el aire infecto de la prisión, ni la obstinación, burlas e insultos de algunos de ellos. Su celo ardiente y sed por la salvación de estas almas extraviadas era casi siempre recompensado por el Cielo, que manifestaba en las muchas conversiones cuán apreciables le eran los esfuerzos del apostólico Valfredo.

Cuando ya tenía preparada alguna de estas almas a escuchar la verdad, la instruía con el mayor esmero, disponiéndola para abjurar sus errores y precaviéndola contra los lazos del espíritu maligno. Un Judío, que oyendo a Valfredo manifestó la resolución de convertirse, había sido admitido ya en el número de los catecúmenos; pero tentado y enredado por el demonio, olvidó sus promesas. Sábelo Valfredo y sin detenerse marcha a la casa: entra y suplica al tentado y a los que estaban presentes que se arrodillen y recen con devoción el *Padre nuestro*. Acábase esta oración y el Judío exclama que es cristiano y que quiere morir cristiano. En efecto, sus obras acreditaron hasta el fin la sinceridad de su conversión.

En el Hospital de la Caridad, cuya dirección tuvo muchos años, predicaba todas las semanas: y el Hospicio de San Juan Bautista fue también testigo por mucho tiempo de su elocuencia y amor inmenso al prójimo: en ambos y en todas ocasiones deseaba que los moribundos exhalasen su espíritu en sus manos.

Parecía que se multiplicaba, pues del *Albergo delle povere Figlie* pasaba al conservatorio de San Pablo, y de aquí a los muchos Conventos que entonces contaba Turín, exhortando, rogando y recogiendo en todas partes copiosos frutos de penitencia.

En medio de todas estas ocupaciones no olvidaba su predilecta Congregación del Oratorio, donde predicó regularmente todas las semanas, sin dejar este ministerio aun cuando los años habían quebrantado su salud; bien que era lo que más le agradaba; y por esto el Cardenal Colloredi, depositario de sus más íntimos pensamientos, le llamaba su *trabajo predilecto*.

¿Y cómo podremos dar una idea de su profundo saber en la Escritura y Santos Padres, de su erudición sagrada y profana, de su elocuencia viva e impetuosa, de su voz dulce y persuasiva y de aquel río de Evangelio que corría de sus labios? Nadie lo escuchaba sin estar como enajenado y sin enternecerse.

Si decimos ahora que Valfredo mantenía una larga correspondencia con Obispos y Sacerdotes extranjeros sobre puntos teológicos; que era el depositario de las bondades de su Soberano y de los Grandes de la corte; su oráculo en las cuestiones espinosas, su consejero, su amigo: que los Monasterios lo miraban como padre y consejero, consultándolo en mil materias delicadas de espíritu y a las que contestaba sin detenerse: no podremos comprender, cómo un hombre solo podría bastar para tantos trabajos; pero Dios ayudaba visiblemente a su Siervo.

En 1676 le hizo saber la Regenta el nombramiento que había hecho en él para Confesor de Víctor-Amadeo, Príncipe entonces de once años. Valfredo supo y recibió con profunda humildad esta prueba tan señalada de confianza de su Soberana. Renunció, contestando «que no le permitía aceptar un cargo como este su incapacidad en la dirección de las almas; y principalmente la de un Príncipe, cargada con el peso enorme de tantos pueblos». Sus superiores le mandaron obedecer y obedeció sin replicar palabra.

No tardó mucho el Soberano en querer darle un testimonio más brillante de su estimación y confianza, ofreciéndole el Arzobispado de Turín. Sería necesario para conocer su virtud, tener presente la carta en que Valfredo suplicó al Soberano Pontífice que no confirmase la elección del Príncipe.

Valfredo no sabía emplear otra arma que la de la dulzura. Nunca amenazaba ni imponía castigos duros en los que estaban encargados a su cuidado. Una represión en secreto y en voz baja, alguna burla en que resaltaban las tintas de la caridad, algunos equívocos y la amenaza de *estirar las orejas*: tales eran las penas que empleaba con preferencia. Si se veía precisado a levantar algo más la voz, a reñir o a negar alguna petición, procuraba encontrarse con el contristado, y con su cara risueña y lenguaje dulce le hacía comprender su sinrazón y justicia de su castigo.

Enfadado un día, un hermano se dejó arrastrar del mal humor hasta murmurar del santo Sacerdote; pero tranquilizado un poco se arrepiente, reconoce su falta y quiere repararla. Échase a los pies de Valfredo, y este lo levanta con interesante bondad. Por la tarde, no se olvidó en la conferencia de decir al superior que la falta del hermano era hija de la fragilidad humana; pero que su arrepentimiento era un acto de virtud muy señalado.

— — — —

Virtudes Teologales del
Padre Sebastián Valfredo

———

El P. N. N. Vieto, penitente de Valfredo y conocido por la integridad de su vida y celo apostólico, refiere que cuando entraba en la habitación de su Director, le encontraba casi siempre arrodillado, el rostro radiante, los ojos llorosos, clavados en el Cielo y exclamando como arrobado: ¡Oh Dios mío, amor mío! ¡Oh, si los hombres te conociesen! ¡Oh, si supiesen amarte! ¡Oh amor divino! ¡Qué felicidad! ¡Qué paraíso hay en ti! ¡Oh María, dulce Madre de Dios, acudir a ti es acudir a la Tesorera de las riquezas del Cielo!

Refiere asimismo este Padre, que cuando volvía de este dulce fervor, tenía la cara blanca como la nieve, que sus ojos despedían rayos como las estrellas y alrededor de él se sentía un suavísimo olor.

La caridad era un fuego que lo devoraba; toda su vida practicó con el mayor celo la que le vimos ensayar desde la niñez de un modo tan notable. Daba todo cuanto tenía: he aquí un ejemplo. Un día le pidió limosna un pobre sacerdote forastero. Nada tengo, le contestó Valfredo, pero venid conmigo. Introdúcelo en su aposento, abre su pobre guardarropa y le dice: «esto es todo lo que poseo, tomad lo que gustéis». En otra ocasión supo que un pobre iba a perecer de frío por no tener fuego con que calentarse: inmediatamente y a pesar de su edad avanzada, toma la leña que puede llevar sobre sus hombros y se la entrega al desdichado.

Su respeto, su veneración a Dios y a sus Santos se puede conocer por el siguiente rasgo. Creía que era una especie de profanación el que se tirase y hollase nada que estuviese bendito, y llevado de esta idea recogía con mucha prolijidad los bojes y desperdicios de ellos que se caían en las Iglesias el Domingo de Ramos y, haciendo un montón de todos, los quemaba para que así no fuesen hollados y, en su concepto, tratados con poca reverencia.

Ya era muy anciano y no dejaba su costumbre de ayudar a una o dos Misas después de haber dicho la suya, y con tanta devoción que ordinariamente daban testimonio de ello sus abundantes lágrimas. Velaba muchas horas, y a veces noches enteras, al pie del SANTÍSIMO SACRAMENTO.

Su devoción a la Virgen era verdaderamente filial. Cuando empezó a explicar Teología, una de las materias sobre que primero llamó la atención de sus discípulos fue la Inmaculada Concepción de MARÍA. Explicó por espacio de seis meses el AVE MARÍA, sirviéndole cada palabra de esta Oración, para celebrar las virtudes y grandezas de la MADRE DE DIOS.

Recomendaba mucho la devoción al Santo Ángel de la Guarda; y, en efecto, era para él su paño de lágrimas; pues en viéndose con alguna pena, inquietud, etc., al momento acudía a su buen Ángel. Un día se vio molestado, por no permitir la atención despedir a unos sujetos que lo entretenían con discursos y conversación ociosa. Acude al Ángel para que lo libre de aquellos pesados que le hacían perder el tiempo inútilmente y sin otra diligencia cortaron la conversación y se fueron.

No debemos pasar en silencio su celo por las almas del Purgatorio. El día de todos Santos, predicaba siempre sobre el Purgatorio: y suplicaba encarecidamente a sus hermanos que no olvidasen aquellas pobres almas encargándoles ofreciesen u oyesen por ellas el sacrificio de la Misa. No pasaba día en que no hiciese por ellas alguna oración particular.

Practicó la obediencia con un celo que jamás se desmintió. Consiguió permiso para visitar a Roma. Al entrar en la barca para pasar el Po, llega un sirviente del P. Orméa, superior *pro tempore*, llamándole para Turín y sin explicarle los motivos. Valfredo se salió de la barca y retrocedió a Turín sin proferir una palabra. No era menor su humildad. Recomendaba continuamente esta virtud, proponiendo siempre a JESUCRISTO como el modelo que debemos imitar.

Falleció el 17 de enero de 1710 a los 80 años de edad. Esta noticia, que se extendió luego por toda la Ciudad, se recibió como una calamidad pública. Fue llorado como un Padre, como un hombre enviado de Dios, como un modelo donde se reunían las más raras virtudes cristianas. Los pobres lloraban inconsolables. *La paz, la caridad*, fueron las palabras que dirigió a sus hermanos cuando le rodearon para verle por la última vez. Luego que expiró, fue continua la piadosa ansia de los fieles por acudir a besarle los pies y la mortaja.

Pronto empezaron a verse milagros, por la intercesión de Valfredo. Citaremos alguno.

La hermana Santa Pelagia padecía una parálisis contra la que habían sido inútiles los recursos de la medicina y los esfuerzos de los médicos. Sufría abandonada ya de los recursos humanos. *¡Oh Santo Padre Valfredo!,* exclama levantando los ojos al Cielo: *¡vos, cuya vida ha sido tan pura y tan ejemplar; vos que gozáis de la vida eterna, interceded con* JESUCRISTO *para que cesen estos males que me afligen!* Hacía con frecuencia esta oración; y una mañana advierte que la parálisis abandona de repente su mano izquierda, el muslo también y el pie: se levanta para probar, y marcha sin embarazo: se mueve, se dobla en todos sentidos, y convenciéndose de que está perfectamente sana, da gracias a Dios por el beneficio. Su médico aseguró con juramento que reconocía en esto el dedo de Dios. Este milagro fue aprobado solemnemente por la Santa Sede, en decreto de 26 de mayo de 1830.

Algún tiempo después se rompió una pierna esta misma hermana, cayendo de una escalera, y los facultativos creyeron mortal la fractura, atendida la mucha edad de la paciente. Tenía esta un vestido del Santo: su fe le inspiró frotarse con él la fractura y, sin otra diligencia, se empalmó el hueso, con asombro de los cirujanos, y dentro de poco pudo levantarse y andar sin dificultad.

Santiago Bertoldo padecía extraordinariamente de sufocación. Un día en que se aumentó el mal se encomendó a San Valfredo rezando como pudo un *Padre nuestro* y *Ave María.* Acabada la oración, desapareció el mal, como por encanto.

Agrícola Botoloti, clérigo regular de San Pablo, padecía de una calentura muy molesta y se curó repentinamente con solo aplicarle una carta del Santo.

Nos alargaríamos demasiado si hubiésemos de citar los beneficios recibidos por la intercesión de este Siervo de Dios. La Congregación de Ritos ha hecho una relación circunstanciada de ellos según resultan de un examen prolijo y proceso muy voluminoso. Este ejemplar Sacerdote fue beatificado solemnemente en Roma por Gregorio XVI en el mes de agosto de 1834.

Actualmente se construye en Turín una Capilla para depositar en ella las reliquias del Santo. Se multiplican sin cesar las estampas con su imagen y el nombre de Valfredo se pronuncia y se oye por todas partes con ternura.

A. M. D. G.

ÍNDICE

Made in the USA
Columbia, SC
19 April 2023

15498996R00100